洞识客户心理
详解外贸跟进

外贸人维尼 ◎ 著

中国海关出版社有限公司

·北京·

图书在版编目（CIP）数据

洞识客户心理：详解外贸跟进 / 外贸人维尼著 . —
北京：中国海关出版社有限公司，2024.3
　ISBN 978-7-5175-0761-1

　Ⅰ.①洞… Ⅱ.①外… Ⅲ.①对外贸易 - 市场营销学
Ⅳ.①F740.4

中国国家版本馆 CIP 数据核字（2024）第 051269 号

洞识客户心理　详解外贸跟进
DONGSHI KEHU XINLI　XIANGJIE WAIMAO GENJIN

作　　　者：外贸人维尼	
责任编辑：文珍妮　傅　晟	
责任印制：孙　倩	
出版发行：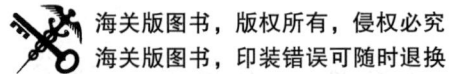出版社有限公司	
社　　　址：北京市朝阳区东四环南路甲 1 号	邮政编码：100023
编 辑 部：01065194242-7533（电话）	
发 行 部：01065194221/4238/4246/5127（电话）	
社办书店：01065195616（电话）	
https://weidian.com/?userid=319526934（网址）	
印　　　刷：固安县铭成印刷有限公司	经　　销：新华书店
开　　　本：710mm×1000mm　1/16	
印　　　张：13.75	字　　数：203 千字
版　　　次：2024 年 3 月第 1 版	
印　　　次：2024 年 3 月第 1 次印刷	
书　　　号：ISBN 978-7-5175-0761-1	
定　　　价：58.00 元	

海关版图书，版权所有，侵权必究
海关版图书，印装错误可随时退换

前　言

从事外贸业务工作的朋友可能都有一个共同的感受，即成交订单很难，难在怎么打动客户，促使客户愿意给我们订单。很多时候，客户明明有需求，可就是没有订单给过来。客户到底在想什么，他们的需求究竟有哪些，最重要的需求又是什么？

确实，我们很难猜到客户内心真正的想法，面对面交流很难把握客户的心理，更何况大多数时候，我们是通过邮件等形式进行文字交流，很难从表现力不强的文字中洞识客户心理，因此，经验在此时就尤为重要。

只有经历过、实践过、验证过，才知道如何准确地把握客户的需求，洞识客户的心理。经验能让我们更快、更准地知晓客户的想法，即在某个时刻，他们的表现、言语，代表了某种意思。例如，我们与客户交流了一段时间，看似一切都谈妥了，但是一封封邮件发过去，却都没有得到客户的回应，这大概率代表了事项并没有谈妥，客户还存在疑虑，需要我们去沟通和解决。这时候，我们的跟进目标就不是询问客户什么时候下单，而是询问客户是否还存在顾虑，需要我们什么帮助。如此，才能促进订单最终的达成。

本书内容综合了我多年的外贸从业经验，总结提炼，撰写而成，以外贸人遇到的真实案例为切入点，让读者自然地代入自己，去思考和分析。当自己遇到这样的问题时，该如何跟进，如何解决？

本书共详解了60个不重复的案例，考虑到外贸跟进过程中的各种情况，涵盖外贸跟进中大部分问题。每个问题都很典型，且出现频率极高，几乎是外贸人都会遇到的问题。同时，每个案例都以"提出问题—分析问题—解决问题—总结归纳"层层递进的方式撰写，让读者的阅读体验更加顺畅和深刻。

本书的创作缘由是我开展了外贸训练营，想给外贸人真切的、落地的帮助，而不局限于理论知识，想让大家真正地学以致用。有了这本书，当外贸人遇到相同或者类似的问题，可以马上找到对应的案例及相应的跟进思路，并能马上应用。哪怕是初出茅庐的外贸新手，也能通过此书在短时间内变身经验老到的外贸高手，与客户进行谈判。

书中每个案例还附有具体的英文跟进邮件，这是考虑到对于部分外贸人而言，中文的思路指导和英文的撰写思维不一定相同。英文水平可能因人而异，或许你的英文水平在我之上，但我想给你的是一些具体的思路参考和方向指引。

除了能让你洞识客户的心理，知道怎么跟进客户，本书还有一个非常重要的方面，即可以通过书本中教授的方法去实践，并通过现实的反馈真正获得属于自己的经验，并拓展自己的思维，如此，你就可以拿下更多的订单。

在跟进客户的过程中，倘若出现缺乏想法、没有思路、思维卡顿的时候，记得翻开这本书，让它给你一些灵感。

每一次的书写我都带着十足的诚意，也希望这本书能带给你切实的帮助。

黄小娟（外贸人维尼）

2024 年 1 月于深圳

目录 Contents

第一章
10个优质开发信模板帮你搞定客户开发 ································ 1
一、什么是完整的客户开发？ ································ 1
二、开发信不被回复的原因 ································ 2
三、10个优质开发信模板 ································ 5

第二章
客户要报价，该如何报价？ ································ 15
案例一 如何给客户报一个合理的价格？ ································ 15
案例二 单纯要报价单用来看价格的客户，怎么应对？ ································ 17
案例三 遇到不给所有报价就不给你机会的客户，怎么办？ ································ 20
案例四 客户一要报价单就给他吗？该怎么做？ ································ 22
案例五 一直要报价却一直没订单的客户，怎么跟进？ ································ 24

第三章
报价之后怎么跟进，或客户不回复怎么办？ ································ 27
案例一 报价后，客户杳无音信怎么办？ ································ 27
案例二 报了最低价，客户还是没有回应，怎么办？ ································ 29
案例三 报价后跟进多封邮件，客户仍然不回复，怎么办？ ································ 32

案例四　报价后客户让我等，该怎么跟进？ …………………………… 34

案例五　报价后客户说其他供应商价格更低，再跟进就不回复了，
怎么办？ ………………………………………………………… 36

第四章
寄样品之后怎么跟进，或客户不回复怎么办？ ……………… 39

案例一　客户收到样品后说是要检验，后来就再也没有回复了，
怎么办？ ………………………………………………………… 39

案例二　给客户寄了样品并初步沟通后，没消息了怎么办？ ………… 42

案例三　客户表示对样品很满意，但迟迟不下单，怎么跟进？ ……… 44

案例四　样品检测合格后客户回复收到其他家的低报价，
怎么办？ ………………………………………………………… 45

案例五　看样后一直说忙的客户，该怎么跟进？ ……………………… 49

第五章
遭客户拒绝，或客户已找到更好的供应商，怎么跟进？ ……… 51

案例一　客户说"你们的价格太高了，我要选择更便宜的"，
怎么办？ ………………………………………………………… 51

案例二　客户说找到了其他供应商，怎么跟进？ ……………………… 53

案例三　面对客户有理有据的拒绝，该怎样回复？ …………………… 55

案例四　客户说暂时不需要，怎么跟进？ ……………………………… 59

案例五　客户说他不想换供应商，怎么办？ …………………………… 61

第六章
客户回复后怎么跟进，或客户提出新问题怎么跟进？ ………… 65

案例一　报价中有些价格报高了，该如何跟客户说明并重新报价？ …… 65

案例二　客户说价格高，怎么跟进？ ……………………………… 67

　　案例三　客户回复已经接受了我的报价，该怎么回复？ ………… 71

　　案例四　客户说要去看看别家的价格，这种情况怎么回答？ …… 72

　　案例五　客户问是工厂还是贸易公司，该怎么回答？ …………… 74

第七章
面对僵局，怎么办？ ……………………………………………… 77

　　案例一　达不到客户的目标价格，如何跟进？ …………………… 77

　　案例二　客户提出很难满足的要求，怎么办？ …………………… 79

　　案例三　客户申请独家代理，是否该同意？ ……………………… 82

　　案例四　工厂拖延交期，该怎么向客户解释？ …………………… 87

　　案例五　客户的订单达不到最小起订量，该怎么跟进？ ………… 90

第八章
做货之前的付款问题 …………………………………………… 97

　　案例一　我要求付全款，客户要求货到付款，怎么解决？ ……… 97

　　案例二　老客户一直不付款，怎么办？ …………………………… 99

　　案例三　合同已签，但客户一直没付款，怎么跟进？ ………… 102

　　案例四　客户确认了订单，但是一直不付款，还在不停地问
　　　　　　新产品，怎么办？ ………………………………………… 105

　　案例五　客户说付全款马上生产，但交期不能满足，怎么办？ … 107

第九章
做货之后的付款或追款问题 …………………………………… 111

　　案例一　FOB 条款下，货做好了，客户不付款怎么办？ ……… 111

　　案例二　货做好了，客户迟迟不付款怎么办？ ………………… 114

案例三　老客户不及时付货款，怎么办？…………………………… 117

案例四　约定见提单付款，客户却迟迟不付款怎么办？…………… 119

案例五　货已到港，但客户迟迟不付款怎么办？…………………… 122

第十章
付款后发货前遇到的问题 ………………………………………… 125

案例一　客户已经付款，但是价格报错了，该怎么办？…………… 125

案例二　我厂的货与客户要求有不符，经协商未果，如何处理
　　　　　客户才能接受？…………………………………………… 127

案例三　因服务态度不好，被客户取消订单怎么办？……………… 129

案例四　部分产品质量不合格，客户很生气，怎么办？…………… 133

案例五　客户指定的原材料供应商生产不合格，该怎么
　　　　　跟客户说明？…………………………………………… 136

第十一章
发货后遇到的货运、弃货问题 …………………………………… 139

案例一　客户拒收货物该怎么办？…………………………………… 139

案例二　发货后才发现产品有色差，该怎么跟客户说明？………… 142

案例三　散货赶不上船期，该怎么跟客户解释？…………………… 145

案例四　客户弃货了，怎么办？……………………………………… 147

案例五　货物到港后客户失联了，怎么办？………………………… 149

第十二章
客户收货后的售后问题 …………………………………………… 153

案例一　客户收到货物后对数量有异议怎么办？…………………… 153

案例二　客户提货发现产品有破损，该如何解释？………………… 157

案例三　客户收到货以后说产品质量不好，该怎么回复? ……… 159

案例四　客户提出质量问题要求索赔，该怎么处理? ……… 161

案例五　客户收到货后要求降价，怎么办? ……………… 163

第十三章
已成交客户的跟进，促新单问题 ……………………… 167

案例一　如何询问客户收到货物后的情况? …………… 167

案例二　客户收到货后给了好评，之后怎么跟进? …… 170

案例三　合作过的客户说生意挺好的，但就是不返单，怎么办? ……………………………………………… 172

案例四　老客户抱怨产品质量差，该怎么回复? ……… 174

案例五　已做过一次订单的客户说我们的价格比别人贵，怎么挽回? ……………………………………………… 177

第十四章
比催单更有效的促单方法——促单20式 ……………… 181

一、意义：为什么要学习促单? ………………………… 181

二、方法：促单20式 …………………………………… 182

三、细节：促单成功的信号以及促单的正确心态 ……… 206

第一章
10个优质开发信模板帮你搞定客户开发

一、什么是完整的客户开发?

外贸人常常会把找客户的过程称作客户开发的过程,但其实这样的表达并不全面,严格来说,完整的客户开发过程应包括以下三个阶段。

第一个阶段——通过各种渠道找到客户,与客户建立连接的过程,即我们常说的"客户开发"。

第二个阶段——与客户建立连接之后的沟通、跟进、谈判和促成合作的过程,我们统称为"客户跟进"。

第三个阶段——与客户建立合作关系之后的维护、解决和返单的过程,我们称为"客户维护"。

这三个阶段,外贸人耗费的精力也是从高到低排列的。也就是说,在找客户并与其建立连接方面,外贸人是最花时间的,其次是客户跟进,最后是客户维护。

但如果说哪个最重要,我认为三个同等重要,因为你找不到客户,就一定没有订单。找到了客户,但跟进不下来,依然为空。如果合作了一次,却没有后续返单,也说明这个客户开发失败了。

外贸人开发客户的终极目标一定是长期、稳定的客户,而不是一次性客户，因此我们要重新定义成功开发客户。成功开发客户是指与一个客户建立连接，并与其建立长期合作关系。

二、开发信不被回复的原因

"为什么我发的开发信，客户不回复"，这是很多外贸人都有的疑问。

我们首先要知道能被回复的开发信具备哪些条件：开发信标题有吸引力，能提供价值；在合适的时间发给准确的目标人；邮件能成功发送到目标人邮箱，不被服务器拦截；目标人看到邮件标题后被吸引且打开查看；目标人看到邮件内容后被吸引，且内容对其有价值，愿意回复互动。

纵观这 5 个条件，最难的是提供价值。大约有 90% 的邮件是因为没有提供价值而石沉大海。

所以如果开发信没有被回复，请反问一下自己：你的开发信给客户提供价值了吗？在给客户发开发信之前，你了解客户多少呢？你知道客户是经销商还是个体商？你知道客户的公司规模是多大？你知道客户的主营产品是什么吗？你知道客户有哪些需要或者有哪些痛点吗？

如果什么都不知道，怎么可能知道客户需要的价值是什么？发过去的信息怎么可能击中客户？所以你就会知道，没有做客户背景分析就发出的开发信，被回复的概率小之又小。"与我无关""于我无益"的开发信内容，对客户来说是垃圾信息、是骚扰信息，因此客户便不会回复你的开发信，甚至都不会看完。

具体而言，开发信不被回复的原因有以下几个。

1. 开发信的标题不吸引人、冗长，或看起来就像垃圾广告

标题能不能吸引人，主要在于标题传达的意思是否击中客户的关注点或需求。例如，一个客户只想找低价格产品，你的标题却是"We Have New Products with Good Quality"（我们出了好质量的新产品），这样的表达势必不会击中客户的需求，自然不会得到回复，甚至没被打开就被删除了。

吸引不了客户的另一种情况就是标题太平了，例如"We are LED Lamp Manufacturer"（我们是 LED 灯厂家），没有亮点，客户心想"联系我的有一大堆厂家，你是哪位？"，然后随手就删掉了。所以要提炼亮点，可以改成"We are TOP 10 LED Lamp Manufacturer in China"（我们是中国前十的 LED 灯厂家），或者"We are LED Lamp Manufacturer Services for Walmart"（我们是服务于沃尔玛的 LED 灯厂家），以知名企业做背书，吸引力也会增强。

开发信标题最好在 8~12 个字符，太长就会分散注意力，让人看不到重点。常常有人这样写"Hello, We are XX Factory in China, We Can Offer You Good Products, Share Them to You"（你好，我们是 XX 厂家，我们能提供好产品，把他们分享给你），客户看到标题这么长，也没有吸引点，就不会点开了。

还有一些标题写得广告意味太浓，例如"Hey, Product Promotion！Don't Miss It！"（嘿，产品促销！不要错过！）。拒绝广告是本能，广告意味太浓的标题不但不被客户喜欢，还可能导致开发信直接进入垃圾邮箱。广告意味较浓的词汇，例如 free、discount、promotion、win、cheap、price、rate、profit、million、dollars 等，应尽可能少出现在开发信的标题中。

2. 开发信的内容无亮点，没有抓住客户需求

最近，越来越多的人认为开发信越短越好，为什么会出现这样的认知？是因为相较以前的"小作文"式的开发信而言，当前更推崇短小精悍的开发信。

但很多人理解有偏差，认为开发信越短越好，短到有时候只有一句话"Hi, I am Lily, these are our new items, please check."（你好，我是莉莉，这些是我们的产品，请查看。），然后附上一张图。这样写的效果好吗？这样简短的开发信可能比"小作文"效果好，但它未必属于一封优质的开发信。

我们不以字数作为衡量开发信好坏的标准，也就是说，不是写得很多就是好的，也不是只写一两句就是最佳。

那么我们以什么来衡量一封开发信是否属于优质开发信？第一点，是最基本的，把想表达的内容说清楚，要做到言简意赅，但不是把该说的省略。第二点，抓住客户的关注点，也就是客户的需求点。第三点，排版需美观，注意断行和标注重点。

3. 开发信背后体现出的专业度不足

从标题到内容到署名，任何一处小细节或用词都能体现一个人的专业度。经验丰富的业务员写的开发信更加精炼，直击重点。经验不足的业务员写的开发信可能有更多"废话"，抓不住重点，措辞也不是很恰当，语气也不是很笃定。

但专业度提升需要时间，所以哪怕是目前还没有达到很成熟的程度，只要做到前面说的，研究客户需求抓重点，尽量做到言简意赅，注意排版整洁，经过一段时间的练习，效果必然会显现。

总结一下，想要让客户回复开发信，要做到以下三点：第一点，击中客户需求（需要提前做客户背景调查和分析）；第二点，照顾到客户的观感（需要注意措辞和排版）；第三点，提升自己的专业度（需要提高对产品、对公司、对行业、对业务的熟悉度和掌控度）。

4. 其他客观原因

除了以上关于开发信撰写的问题，还有一些其他的外在因素，也是导致开发信没有被回复的原因。

（1）邮箱地址错误或无效

我们找到的邮箱地址有可能错误或失效，这时候邮件发过去会弹回一个"发送失败"的回执。还有一种情况是客户已经弃用这个邮箱，尽管邮箱还能正常接收邮件，但客户看不到邮件，自然没有回复。

（2）找的客户不对口，客户不需要你的产品

很多时候，没有做客户背景调查和分析，就容易导致不对口。例如你通过谷歌搜索找到一个买鞋子的客户，你是卖女士鞋子的，但客户主营男士鞋子，这种就属于不对口客户。只要客户对你的产品没有需求，就不属于对口客户。不对口的客户，发再多、再精彩的开发信都是有去无回的。

（3）客户经营产品对口，但已经停业

找到对口的客户，就能马上发开发信吗？还不能，我们还要调查客户背景，看看客户是否还在经营。这一点从公司网站可能看不出来，因为有些公司哪怕已经停业，网站依然没有过期，还存在。可以查看他们的社交平台近期是否有更新，如果没有，那就说明这个公司很可能已经倒闭或停业。

（4）没有找到关键人或决策人

找到的邮箱是可用的，通过背景调查得知这个公司对口也在业，但如果没有找到关键人，开发信也不能发挥作用。例如客户公司是由采购人负责采购进口货物的，而你联系的是技术人员，开发信大概率就石沉大海了。对于外贸业务员来说，关键人首先是采购负责人，其次是销售人员，再次是老板，最后才是其他人，如前台、技术人员等。

如果邮箱正确、产品对口、公司正在营业、关键人也正确，在写开发信时也能注意我们前面所说的问题，那么成功率会大很多。

三、10个优质开发信模板

在这里，分享我总结的10个开发信套路公式，并给出模板，你可以结合已经学习的开发信知识，基于自己公司、行业以及目标客户的情况，撰写属于自己的开发信。

1. SHC公式

自我介绍（Self introduction）—罗列亮点（Highlights）—引导行动（Call to action）。

含义解释：先进行自我介绍，我是谁、来自哪个公司，我们是做什么的，向你推荐什么产品；然后罗列产品的亮点；最后引导客户进一步行动。目前这个公式是用得最多的，也是最简单的一种。

模板参考，以 TOY（玩具）为例：

Hi XX,

I am Lica from XXX company in China, we are manufacture of toys. Recommend us to you this hot-selling product, many children love it. The following are its features:

(我是来自中国 XXX 公司的 Lica，我们是玩具制造商。向您推荐这款热销产品，很多孩子都喜欢它。以下是它的特点:)

Feature 1: Attractive color and safety material;

Feature 2: Music changing expression tumbler toy with light music;

Feature 3: Baby stacking up teether rattle toy roly poly;

Feature 4: Sample is available.

(特点1：有吸引力的颜色和安全材料;

特点2：带轻音乐功能的变表情不倒翁玩具;

特点3：婴儿堆叠牙胶拨浪鼓玩具;

特点4：可提供样品。)

Would you like to get more information? Or can we send a video meeting to show you the details? Any need, please contact me, thank you.

(您想获得更多信息吗？或者我们可以发起视频会议向您展示详细信息吗？有任何需要，请与我联系，谢谢。)

Best regards,

Lica Huang

2. SRC 公式

自我推荐（Self recommendation）—以退为进（Retreat）—引导行动（Call to action）。

含义解释：先进行自我介绍，我是谁、来自哪个公司、我们是做什么的、有哪些特点、我们可以帮你做什么或能带给你什么；然后说明如果你不喜欢也没有关系，哪天有需要的时候再来找我，这样就不会给客户压力；最后引导客户进行下一步动作，例如有需要随时联系。

模板参考，以 TOY（玩具）为例：

Hey XX,

We know your company from alibaba.com. Your company seems sell all typestoy, right? We are manufacture of toys. Can we recommend us to you our hot-selling model? It is safe for kit and very funny.

（我们从 alibaba.com 了解到您的公司。贵公司似乎销售所有类型的玩具，对吗？我们是玩具制造商。我们可以向您推荐我们的热销产品型号吗？套件安全，而且非常有趣。）

If you are interested in it, we would like to show you more information about it and us.

（如果您对它感兴趣，我们愿意向您展示更多关于它和我们的信息。）

If you are not interested, no worry! We are always here for you, I am very happy to sever for you if you need in any time.

（如果您不感兴趣，请不要担心！我们一直在这里为您服务，如果您需要，我很乐意随时为您服务。）

Best regards,

Lica Huang

3. IDC 公式

提起兴趣（Interest）—激发渴望（Desire）—引导行动（Call to action）。

含义解释：先说一个客户可能感兴趣的话题，例如降价、出新品、有库存等，或者结合时下热点，比如有船了、运费降价了、汇率上升了等，还可以是我们能帮你提升销量、我们能帮你节省更多成本或能帮你赚取更多利润等；然后激发客户的渴望，例如这个时候下单能省很多钱、这个时候下单汇率更划算等；最后引导客户行动，例如现在下单马上安排。

模板参考，以 TOY（玩具）为例：

Hey XX,

We know it is not easy to increase sales. But we have one item maybe can help you increase sales. It is safe for kit and very funny. Both parents and children like it.

（我们知道增加销售额并不容易。但是我们有一件物品也许可以帮助您增加销售额。套件很安全，而且很有趣。父母和孩子都喜欢。）

It is our hot-selling model and we have helped many customers get more profit. Do you want to try? Do you want to get more details?

（这是我们的热销产品，我们已经帮助许多客户获得了更多的利润。您想尝试一下吗？您想了解更多详情吗？）

If you need something, please contact me anytime.

（如果您需要什么，请随时与我联系。）

Best regards,

Lica Huang

4. PAC 公式

抛出问题（Problem）—说明优势（Advantage）—引导行动（Call to action）。

含义解释：先抛出客户目前可能正在遇到或烦恼的事情；然后说明我们有解决客户烦恼的优势或条件，这里可以利用一些数字或者合作案例来佐证我们是真的有这个条件，例如年销售额、月产量，以及在哪些地区有多少客户、合作过的客户案例，等等；最后引导客户进一步行动。

模板参考，以 TOY（玩具）为例：

Hi XX,

As an intermediary, it is difficult to increase profits, and many of our customers also face the same problems.

（作为中间商，提高利润是很难的事情，我们很多客户也面对一样的困扰。）

Let me share with you a good news: our factory introduced the latest production technology and the most efficient machines in the first half of the year, which can save 20% of the cost. Now we have provided customers with lower-priced products to help them increase their profit margins.

（跟您分享一个好消息：我们工厂上半年引进了最新的生产技术和最高效率的机器，能节省20%的成本。我们现在已经给客户提供更低价格的产品，帮助他们提高了利润空间。）

If possible, we will send you more information and look forward to hearing from you.

（如果可以，我们将发送更多信息给您，期待您的回信。）

Best wishes,

Lica Huang

5. PRC 公式

真诚赞美（Praise）—说明联系（Relation）—引导行动（Call to action）。

含义解释：先找到客户真实的优点或亮点，给予真诚的赞美，注意一定是客户真实的优点，而不能是凭空捏造、乱编的，没有人会拒绝赞美，客户被夸赞时心情愉悦，更愿意接受你所要表达的内容；然后说明客户所具有的优点和我们产品或服务之间有什么联系；最后引导客户进一步行动。

模板参考，以TOY（玩具）为例：

Hello XX,

In the state of fierce competition in the toy industry, your company has stood out with high-quality goods, ranked first, and maintained excellent results. It is really admirable. We would like to express our sincerest congratulations to you!

（在玩具行业竞争非常激烈的情况下，贵公司以精品突出重围，名列前茅，保持着优秀的成绩，实在让人敬佩。对你们表示最真诚的祝贺！）

Our company has also been in the toy industry for 12 years. Like your philosophy, we only produce high-quality and exquisite products.

（我们公司也在玩具行业打磨了 12 年，和你们的理念一样，我们只生产质量上乘的、精美的产品。）

Hope we can cooperate and join forces to create a better future together!

（希望有机会我们可以合作，强强联手，一起创造更美好的未来！）

There is my contact information below, you can contact me at anytime, thank you.

（下方有我的联系方式，你可以随时联系我，谢谢。）

Best wishes,
Lica Huang

6. HSC 公式

自提亮点（Highlights）—解决痛点（Solve）—引导行动（Call to action）。

含义解释：先把自己的亮点或优势提出来；然后说明这个亮点、优势能解决什么痛点；最后引导客户进一步行动。

模板参考，以 TOY（玩具）为例：

Hi XX,

Glad to hear that you are on the market for toy, we have been specializing in this field for 12 years, with CE/ASTM/EN71/cpsia/GCC/CCC Certifications, good quality and pretty competitive price.

（很高兴听到您进入玩具市场，我们专注于该领域 12 年，拥有 CE/ASTM/EN71/cpsia/GCC/CCC 认证，质量上乘，价格极具竞争力。）

Also we have our own professional designers to meet any of your requirement. We can design for you for free, saving your time and money.

（我们也有自己的专业设计师来满足您的任何要求。我们可以免费为您设计，节省您的时间和金钱。）

If you like, we will tell you more about us, looking forward to your next step instruction.

（如果您愿意，我们会告诉您更多关于我们的信息，期待您的下一步指示。)

Best wishes,

Lica Huang

7. PAS 公式

抛出问题（Problem）—说明优势（Advantage）—解决建议（Suggest）。

含义解释：先抛出客户需要解决或可能面临的难题；然后说明我们具有哪些优势是可以帮助客户解决难题的；最后提出解决建议。

模板参考，以 TOY（玩具）为例：

Hello XX,

We know that your products are all designed by yourself, but there are not many factories capable of supporting toy customization.

（我们了解到你们的产品都是自己设计的，但有实力支持玩具定制的工厂并不多。）

However, we have been producing toys for 12 years, and we have professional designers who can provide you with design services for free.

（然而我们生产玩具已经 12 年，而且我们有专业的设计师，能免费为您提供设计服务。）

You can try to cooperate with us, we are confident to let your ideas come true freely!

（您可以尝试与我们合作，我们有信心让您的理想自由实现！）

Best regards,

Lica Huang

8. PMS 公式

提出痛点（Pain）—放大痛点（Magnify）—解决建议（Suggest）。

含义解释：先提出客户需要解决或可能面临的痛点问题；然后适当放大痛点的影响，让客户感到担忧，进而产生寻求改变的想法；最后提出解决建议。

模板参考，以 TOY（玩具）为例：

Hi XX,

We know that you currently only sell type A model toys, but this type of toys contain batteries and are currently exposed to safety hazards, so consumers have gradually given up buying them.

（我们了解到你们目前只销售 A 类型玩具，但是这类玩具含有电池，目前被曝出安全隐患的问题，因此消费者已经逐渐放弃购买。）

If you continue to sell them, you can imagine that sales will get worse and worse.

（如果您继续售卖这类产品，可想而知，销量会越来越差。）

We have newly researched toys that do not require batteries, which are safe and can help you expand sales. We look forward to your reply and let us communicate more.

（我们新研究了不需要电池的玩具，安全性高，能帮助您扩大销售，期待您的回信，让我们交流更多。）

Best wishes,
Lica Huang

9. PBS 公式

提出痛点（Pain）—解决受益（Benefit）—解决建议（Suggest）。

含义解释：先提出客户需要解决或可能面临的痛点问题；接下来和 PMS 不同的是，这里不是放大痛点，而是告诉客户解决痛点后会获得什么益处，以此打动客户；最后提出解决建议。

模板参考，以 TOY（玩具）为例：

We have learned about your website and saw that your products are all made with XX craftsmanship. This craftsmanship is an older craft, and the toys made are rough in appearance.

（我们了解过您的网站，发现贵公司的产品都是使用 XX 工艺制作的。这个工艺是比较旧的工艺，制作出来的玩具外观粗糙。）

If you sell toys made with new technology, they will look more refined and beautiful. In this way, you will be able to spend the same purchase cost and sell at a higher price.

（如果您售卖新工艺制作的玩具，它们看起来会更加精致和美观。这样您将可以花同样的进货成本，以更高的价格出售。）

We are very willing to serve you, because we are using the latest technology. Look forward to more communication, thank you.

（我们很愿意为您服务，因为我们使用的是最新工艺。期待我们更多的沟通，谢谢。）

Best regards,
Lica Huang

10. BSB 公式

之前问题（Before）—现在解决（Solve）—将来受益（Benefit）。

含义解释：先说明之前客户的产品或公司存在什么问题；然后说明现在可以通过什么方式解决，我们怎么帮助客户解决；最后说明解决问题后客户能获得什么益处。

模板参考，以 TOY（玩具）为例：

Hi XX,

Are you worried about how to increase sales?

（您是不是正在发愁怎么提高销量？）

Poor product quality and poor safety are the main reasons why sales cannot go up.

（产品质量不好、安全性差是导致销量上不去的主要原因。）

Have you ever thought about updating the product? Buying some high-quality, high-safety products can help you increase sales.

（您有没有想过要更新一下产品呢？购进一些质量好的、安全性高的产品，能够帮助您增加销量。)

Some of our customers have the same problem as you, but they bought new products from us, and now sales have increased by 20%~40%.

(我们有些客户存在跟您一样的问题，但他们从我们这购买了新产品，现在销量提升了20%~40%。)

Our products are novel in design, exquisite in appearance, and reliable in quality. If you want to get rid of the current predicament, please contact us immediately to know more.

(我们的产品设计新颖，外观精致，质量可靠。如果您想摆脱现在的困境，请马上联系我们，了解更多。)

Best wishes,

Lica Huang

需要注意的是，运用以上公式套路写开发信时，必须保证所说内容的真实性，即你的优势、亮点、解决方案，都是真实存在的，而且是真实能够做到的。切记不要为了写而写，强写硬编不但不会起积极作用，反而会适得其反。

第二章
客户要报价,该如何报价?

案例一

如何给客户报一个合理的价格?

▣ 问题描述

如何报给客户一个合理的价格?这个问题一直困扰着我。直接问客户的目标价格,他一般说没定,要我给他报价,或是给出一个不是很合理的低价,让我几乎没有利润。面对这样的问题,各位一般是怎么处理的呢?如何给客户报出一个合理的价格呢?或者怎么问才能问出客户的目标价?或者应该问些什么样的问题,才能了解客户的真实想法和需求呢?

▣ 原因分析

为什么我们问客户具体报价,客户总是不说呢?主要原因有三:第一,客户没有具体需求,他只是想先收集报价单,先了解你,看看能不能合作;第二,在供大于求的环境下,买方占主动位置,而卖方处于被动位置,所以买方会先要求卖方按他的要求去做,有点"客户是上帝"的意思;第三,客户已有合作供应商,他找你只是想多了解一些信息备用。

这三个原因总结成一句话就是:"我现在还没有具体需求给到你。"这句话要分两个层面来理解，一个是"我没有具体需求"，另一个是"我有具体需求，但还没有决定给你"。不管是哪个，在我们看来，客户的表现就是"不真诚"。

所以我们也就能理解，为什么客户要么不报具体价格，要么给出一个低得离谱的价格，说到底就是因为"我现在还没有具体需求给到你"。

■ 跟进思路

对于这样的客户，怎么做到有效跟进呢？我们至少要研究客户需要的是什么产品、这些产品有什么特征、是否与我们的产品对口或者是否在我们供应范围内、客户理想的价格大概在哪个位置，这些信息都是需要我们去收集的。

收集好这些信息之后，我们就可以有针对性地给客户发报价。能切中客户需求的报价，才是合理报价。

举个简单的例子，我们看到某个做饰品的客户的官网上都是一些精致、小巧、时尚的饰品，价格跨度比较大，38~68美元不等。这时我们就要结合自身的产品特性和价格，选择38~68美元的产品去报价，这样才是合理的。

如果我们实在看不到客户的网站，分析不了客户，我们就需要问客户能否提供更多的信息，从而为其提供有价值的报价。

我们应该清楚，如果我们的报价与客户的需求不匹配，客户看完报价后就会直接拒绝，如果没能提供客户所需要的，其实对客户来说，也是在浪费他的时间。所以我们的跟进思路是，让客户多提供一些信息，我们根据这些信息去把握客户。

■ 撰写跟进内容

根据以上分析和思路，可以这样跟进：

Dear XX,

Glad to receive your inquiry, I will be very sincere to provide you with the information you need. Because there are many types of our products, if you can give a general direction, my workload will be smaller.

（我将非常真诚地为您提供您需要的信息。因为我们的产品种类很多，如果您可以给个大概的方向，我的工作量会小一点。——打感情牌，让客户认为他应该告诉我们一些东西。）

Or, can you send your company website? We will recommend and send you relevant product quotations based on the products you sell, thank you very much.

（或者您可以发送一下您的公司网站吗？我们将会根据您所销售的产品向您推荐和发送相关的产品报价，非常感谢。——引导客户发网站链接，这样我们就能多掌握一些信息。）

Best wishes,

Lica Huang

跟进思路小结

1. 首先需要让客户知道，做报价单需要很长时间，希望客户告知大概的要求，再根据要求做报价单。

2. 当然有些客户是比较懒的，或者根本不知道自己需要什么，那么就只能让客户提供官网等信息，我们主动去研究，然后再根据这些信息给出合适的产品报价。

单纯要报价单用来看价格的客户，怎么应对？

问题描述

客户要报价单，说白了就是要看看价格，因为这些客户都是我用邮件开发的，没一个是主动询盘的，我也知道他们是看看价格，我也询问过他们是否有数量要求、对哪款产品感兴趣，结果他们说对所有产品感兴趣，这让我怎么回答？

原因分析

对所有产品感兴趣，不指明具体型号和具体数量，说明客户还在了解阶段。在这个阶段，哪怕客户真的有需求，确实需要某款产品，也不会表现出来。此时客户的心理是"我先看看你有什么产品，能不能满足我们的需求，你们靠不靠谱、值不值得合作"。而且不管是我们发邮件建立联系的客户，还是在平台上询价来的客户，都要经历这个过程。

然而给客户提供全部报价并不现实，对我们来说也不妥当。这种情况下，我们该如何应对？

跟进思路

公司通常都有报价册，上面是产品介绍资料，可以给客户发一份电子版报价册，同时请客户通过自己公司官网或者社交媒体上的公司主页了解更多关于公司的信息。

与此同时，我们也要去分析客户的产品网站，看看客户正在卖什么产品，根据客户的产品选择某些产品作为重点推荐，制作一个产品推荐列表发给客户，让客户感觉到你确实研究过他们的产品。

撰写跟进内容

根据以上分析和思路，可以这样跟进：

Dear XX,

Glad to receive your inquiry, in order to let you know us more quickly and comprehensively, please check our product brochure, which is on our website. There is a more detailed introduction above.

（很高兴收到您的询问，为了让您更快速、更全面地了解我们，请您到我们公司的官网查看我们的产品册。上面有比较详尽的介绍。)

In addition, based on my observations on your product website, your products are of the XXX type. I followed up with this type, specially selected some products, and made a quotation for your reference. Please see the attachment.

(另外,根据我对您产品网站的观察,贵公司的产品是XXX类型的,我根据这样的类型,特意挑选了一些产品,做了报价单,给您参考。具体详见附件。)

If you receive this email, please tell me whether my information solve your doubt. If it does not solve your question, please tell me your question.

(您如果收到这封邮件,请您告知我的信息是否解决了您的疑惑。如果没有解决您的疑问,请告诉我您的疑问。——引导客户回复互动。)

Of course, if you can tell us directly about your specific needs, the efficiency of communication will be higher. I am very happy to serve you, thanks.

(当然,如果您能直接告诉我们您的具体需求,这样沟通的效率更高。非常乐意为您服务,感谢。——引导客户主动告知。)

Best wishes,
Lica Huang

跟进思路小结

1. 告诉客户更多可以了解自己公司的渠道或方式。

2. 告诉客户你也对其公司和产品有研究,让客户觉得你在用心与他建立连接。

3. 认真研究客户产品和需求,给客户推荐你认为最切合客户需求的产品。

4. 最后一定要加引导句,引导客户互动和回复。

注意:英文可以有多种表达方式,但思路一定要对,思路对了才能有效跟进。

案例三

遇到不给所有报价就不给你机会的客户，怎么办？

■ **问题描述**

很多国外的客户会直接索要所有产品的报价单，对于这类客户，我们现在一般的做法是发产品电子目录过去让客户选择感兴趣的产品，告知我们数量，然后再给出一个有针对性的报价。有的客户很配合，选出了自己感兴趣的产品，可是有的客户依然坚持要所有产品的报价单，不给的话就无法继续跟进。这叫人如何是好？

■ **原因分析**

这个案例和案例一属于同一类型。客户说一定要所有产品的报价单，不过是因为他想要在最短的时间内了解你的产品是不是能符合他的要求，另外他还可以拿着你的报价跟别家的报价做对比。报价单是客户了解你的第一道门，如果你连第一道门都没有让客户进去，客户肯定就扭头走了。

■ **跟进思路**

对于这类明确要求要所有产品报价的客户，可以给他全部报价，但是价格要设置成区间价格，让客户无法直接比价。

所以报价格式可以是先报区间价格，再详细列举产品价格。比如：

A 类型的产品 25 ~ 35 美元/套（备注：根据数量和配置决定价格）。

A－123 型号摄像头，720P 索尼机芯，2.8mm 焦距的镜头，数量 100 台，报价为 30 美元/套。

价格只是一个阿拉伯数字，方便客户比价。如果加上产品参数和数量作为报价条件，客户就没有办法直接比价。因为没有任何一家的产品报价列举的参数和数量能和你们一模一样。可能你会认为这样报价太麻烦了，但这确实是一种有效防止客户比价的报价方式，可以省去很多烦恼。

撰写跟进内容

根据以上分析和思路，可以这样跟进：

Dear XX,

Glad to receive your inquiry, Please check the attachment for the quotation.

（很高兴收到您的询问，报价单请查看附件。）

We look forward to communicating with you about your specific needs, so that we can offer you an accurate quotation.

（期待能和您交流具体的需求，以便我们给您精确的报价。——引导客户交流更多信息。）

If you want to know our company comprehensively, quotation only is not enough. So can you agree me send more information about our company to you?

（如果您想全面了解我们的公司，只有报价单是不够的。您能同意我向您发送更多关于我们公司的信息吗？——给后续的沟通留了话口。）

Best wishes,

Lica Huang

跟进思路小结

1. 首先，一定要回应客户的要求，给他发报价单，但给的可以是区间价格或者阶梯价格。

2. 引导客户交流更多信息。

3. 这类客户普遍比较冷漠，需要我们主动出击，所以最后要留一个互动的话口。

案例四

客户一要报价单就给他吗？该怎么做？

📖 问题描述

最近联系上几位客户，确实是做本公司产品的，但是联系上之后问他们要什么具体产品，他们不说。我说我推荐几款产品给他们，他们都说好，让我发报价单给他们，最好是把全部产品的报价单都发给他们。我都照做了，但是他们一直没回复邮件。我不想再一个劲儿傻乎乎地发报价单给他们了。请问遇到这种情况该怎么做？

📖 原因分析

在前面的案例中我们已经分析过，客户要报价的原因就是想要通过报价快速地了解我们。那么是不是客户一要报价我们就给呢？当然是要给。但我们是有技巧地给，例如前面说到的设置区间价格，或者研究客户之后，猜想什么产品更对客户的胃口，整理成一份专属报价单发给客户，这样显得更有诚意，也更有吸引力。

发了报价，客户没有回音有很多原因，所以我们在跟进邮件中应该添加一些引导客户回复互动的内容。

当然，如果你已经尽力去沟通、引导客户，客户还是无动于衷，说明客户目前没有急切的需求，或者他们有固定的供应商，因此对你的态度不是很积极。

📖 跟进思路

我们遵守一个原则，即只要客户是对口客户，那就值得我们持续跟进。

也就是说，尽管目前客户还没有迫切的需求，也需要有节奏地保持跟进，三五天跟进一封邮件，而且内容需要变换。开发客户是长期的过程，幸运往往就在不懈的努力中。

但盲目的跟进只是浪费时间，对于长期没有回复的客户，我们要试图了解他更多，看看是什么原因导致他没有回音。

撰写跟进内容

根据以上分析和思路，可以这样跟进：

Dear XX,

This is the 59th email I sent you, but it may also be the last email.

（这是我给您发送的第 59 封邮件，但也可能是最后一封邮件。）

Because it is really sad without responding.

（因为那种没有回应的付出真的很让人难过。）

I am not sure if the email is bothering you? Or because of other reasons that you are unwilling to reply?

（不知道邮件是不是打扰到您？导致您不愿意回复，还是因为其他原因？）

If you think don't need to email to you again, could you please tell me the reason? Please let me give up, thank you.

（如果您认为我不需要再发邮件给您，请您告诉我原因好吗？请让我死心，谢谢。）

From Lica who has been waiting for your reply.

（来自一直在等待您回信的 Lica。）

Best wishes,
Lica Huang

跟进思路小结

1. 客户要报价，我们一定要给，至于怎么给，可以根据自己的情况决定，如果你愿意花时间研究客户，可以给客户做一份专属报价单，这样的报价效果是最好的。

2. 对于那些没有具体需求的客户，只要是对口客户，就值得我们跟进，保持三天一次或者五天一次的跟进频率即可。

3. 对于发了很多邮件都没有回音的客户，我们要考虑并主动去了解客户是不是出现了变化，比如倒闭了、转行了等。如果客户已经不在这个行业，我们也就没有再跟进的必要。

4. 为了从客户那里得到回复，可以使用"情感共鸣"法，例如说说自己的难处、说说自己为此付出了多大的努力却没有回报，等等。无论客户是不是需要我们的产品，但情感是共通的，这种情况下客户更可能告诉你真实的原因。

案例五

一直要报价却一直没订单的客户，怎么跟进？

▌问题描述

我的一个客户，之前下过订单，也来我们公司参观过，但是一发邮件还是让我把公司所有产品的报价单发给他，说要参加一个印度的展览会用，还很紧急。我当然不可能给他，这个客户经常问我报价，但是近两年都没下单，又不能直接说不给他报价单，应该怎么回复呢？

▌原因分析

之前下过订单，也来公司参观过，至少说明这个客户是真实的客户。是真实的客户，就一定会有真实的订单，我们要去关注的是什么时候有订单、有多大的订单。

客户让发所有产品的报价单，因为他要去参展，发不发？案例四中说了，客户要报价，我们一定要发，至于怎么发，我们要思考一下。因为客户是参展用的，报区间价格肯定不合适，所以必须是具体价格。但这个客户经常要报价单却没有订单下过来，很不给力，我们要分析他为什么不给力。根据案例所给的信息，我们能感觉到客户是中间商的可能性很大，即他需要他的客户给他订单，他才有订单给到你。

■ 跟进思路

既然客户是中间商，我们就要帮助他拿到他的客户订单才行。为此，我们可以这样跟进：询问客户参加的是什么类型的展会、什么样的报价单更能帮助他拿到订单，并表示将根据他的需求专门为他做一份报价单。

这么一问，客户大概率就会告诉你具体需要的产品信息，而不是所有产品的报价。通过与客户的交流，也能够知道客户的客户群是怎样的，更有助于后期向客户推荐合适的产品。

■ 撰写跟进内容

根据以上分析和思路，可以这样跟进：

Dear XX,

In order to help you attract your customers more at the exhibition, can you tell us which exhibition you are participating in? What does this exhibition look like? What is the market's requirements for product quality and price?

（为了帮助您在展会上更多地吸引客户，可不可以告诉我们您参加的是什么展会？这个展会大概是什么样的？市场对产品的品质和价格的要求是怎样的？——获取更多信息，有的放矢。）

The more detailed the information you inform, the more competitive the quotation we recommend to you, and the more able to help you get the order.

（您告知的信息越详细，我们给您推荐的产品报价就会越有竞争力，也就更能帮助您拿到订单。——引导客户主动告知信息。)

Moreover, we also have a wealth of exhibiting experience and know what products should be recommended for what kind of exhibition, so please trust us can provide you with useful help.

(而且,我们也有丰富的参展经历,知道什么样的展会应该推荐什么产品,所以请相信我们能给您提供有用的帮助。——让客户放心,对我们多一点信任,有了信任,更容易沟通。)

Best wishes,

Lica Huang

跟进思路小结

1. 告知客户,为了帮助他更好地开展业务,你需要他提供更多信息。

2. 继续引导客户主动告诉你更多信息,信息越多越有利于你把握客户。

3. 告知客户,你具有相关经验,是能够帮助到他的,让他放心,增加信任。

客户回复具体需求之后,应该尽量按照客户的需求来做针对性的报价。另外,把特别具有优势的产品排列在最前面,并且告知客户这是最有竞争力的产品,同时列举这些产品的优势在哪里、有哪些卖点等,建议客户在展会上着重把这些产品推荐给他的客户,提高成交率。

从客户的角度考虑,真正帮助他拿下订单,他有了订单,就会给你订单,而且客户向他的客户推荐的也都是你们公司的产品,所以订单一定会下给你。

第三章
报价之后怎么跟进，或客户不回复怎么办？

案例一

报价后，客户杳无音信怎么办？

问题描述

每次去问老板报价，老板都会兴高采烈地告诉我价格，看他那开心的样子我都觉得惭愧，因为每次发价格给客户后就杳无音信。有没有什么小技巧可以让客户不再杳无音信？

原因分析

报价后，客户不回复是怎么回事？第一种情况就是你的报价没有打中客户的需求，可能是产品不对口，也可能是价格不合适，或者是其他原因，例如感觉业务员不专业，或者感觉这个公司实力不行等，让客户觉得你们不合适。第二种情况是客户目前没有真实、急切的需求，他只是在了解阶段，并不着急给你回应。第三种情况是客户没有直接决定权，客户可能是中间商，他需要先得到他客户的回应，才能回应你。

我们如何判断客户属于哪种情况？如果客户单纯索要全部报价，属于第二种情况的可能性比较大；如果客户说明具体的产品类型和数量等信息，就可能属于第一、第三种情况，然后我们再分析一下客户背景，如果客户是中间商，那么第三种情况的可能性更大，如果不是，第一种情况的可能性更大。

所以我们首先要大致判断客户得到报价后不回复的原因是什么，然后才能做到相应的跟进。

跟进思路

不管是哪种情况，我们都有一个统一的跟进思路，就是揣测客户不回复的原因。

如果判断很可能是第一种情况，那么就要问客户是不是产品报价不合适，还是我们哪里做得不够好，请他如实告知，我们将进行改进。

如果判断很可能是第二种情况，那么就要问客户是否需要了解更多信息，我们非常乐意为他提供。

如果判断很可能是第三种情况，那么就要问客户是不是在等待他的客户答复，有没有需要我们帮助的地方。

撰写跟进内容

根据以上分析和思路，可以这样跟进：

Dear XX,

How are you?

Since sent you quotation, We haven't received your reply. Have you encountered any problems?

（自从上次发给您报价之后，一直没有得到您的回复，是不是遇到了什么问题呢？）

Is the product quotation inappropriate? Or are we not doing well enough? Please let us know that we will make improvements.

（是不是产品报价不合适？还是我们哪里做得不够好？请您告知，我们将进行改进。)

Do you need more information of our products or our company? I am very happy to provide you with it.

(您是否需要了解更多关于我们产品或公司的信息,我非常乐意为您提供。)

Are you waiting for your customer's reply? Is there anything I need to help?

(您是不是在等待您的客户答复?有没有需要我帮助的地方呢?)

(注意:这里只能根据判断选择一种来发。)

Please feel free to contact me if you have any questions, I will serve you wholeheartedly. Thanks.

(任何疑问都联系我,我将竭诚为您服务。谢谢。)

Best wishes,

Lica Huang

跟进思路小结

1. 首先说明一下客户已经多久没有回复了,然后询问客户是不是遇到了什么问题。

2. 根据我们的判断,进行相应的揣测。

3. 最后再加一句,让客户打消顾虑,表达不管什么原因我们都非常乐意提供帮助的意愿。

案例二

报了最低价,客户还是没有回应,怎么办?

问题描述

6月第一天上班,客户询价,因为想促成6月的第一单,所以报了最低价给客户，真的几乎是成本价了，结果客户只回复了一句"最少是多少？"，之后一直没回复，不知道是什么情况，是有人出了更低价还是其他什么原因。这种情况怎么跟进？

原因分析

报了最低价，客户还是没有回应，客户到底在想什么呢？

首先，你认为的最低价仅仅是你自己的想法而已，在客户的角度，他看到的只是一些阿拉伯数字。在众多供应商的报价里，肯定有人的阿拉伯数字比你的还要低。因此，客户并不认为这就是你的最低价，所以就有了那句"最少是多少？"。

为什么客户是这样的感觉？因为通常情况下，第一次的报价肯定不是最低价，客户认为这个价格肯定不是最低价，肯定还能再低。尽管你给出的已经是真实的最低价，但客户并不这么认为。

第一次就报底价，如果客户要求你降价，而你说已经是最低价了，不能再降了，那就相当于把客户往外推，很难再得到客户的回应。所以，第一次报价就报底价一定是错误的！

正确的做法是，分三个阶段报价，每个阶段报价递减，而且降价幅度应是越来越小的。这个方法我们叫"三阶段报价法"，也可以叫"三阶段降价法"。

举个例子，某产品的底价是 10 美元，第一次报价时要多留一点空间，可以报价 16 美元。一般来说，客户会砍价，第二次报价可以是 14 美元。如果客户继续磨价格，第三次报价可以是 12 美元。降价两次之后，客户会觉得差不多了，我们就可以按 12 美元成交。但是，也会遇到很多更加难缠的客户，一直不断地压价，这时候要说我们已经降到不能再降了，这是最后一次降价，11.5 美元。

经过这样的一个过程，客户才会感觉到他赢了，而你已经降到底价了。这样的阶段报价法就是为了满足客户"占便宜"的心理，同时让我们仍有利润可赚。

跟进思路

对于已经报了底价的产品，如果客户没有主动联系我们，可以不再主动联系客户，先暂时放弃这个产品，除非客户突然告知可以接受这个价格，否则不要纠结。

客户不可能只需要一种或一款产品，所以我们可以找机会重新推荐新的产品。之前没有报过价格的产品，就按"三阶段报价法"进行报价。这相当于和客户重新建立联系。

撰写跟进内容

根据以上分析和思路，可以这样跟进：

Dear XX,

　　How are you?

　　For the A product, I am not sure why you didn't reply me, but I guess it may not meet your requirements, it does not matter, we have other products that are also suitable for your market.

　　（不知道为什么没有得到您的回复，我猜想 A 产品可能没有满足您的要求，没有关系，我们还有其他的产品，也同样适合您的市场。——做一个衔接，自然引出话题。）

　　We have studied the furniture products on your website, and your products are simple and atmospheric, so we recommend this type of product to you for your reference.

　　（我们研究过您官网上的家具产品，产品是简约、大气类型的，所以我们向您推荐的也是这个类型的产品，供您参考。——引起客户新的注意力。）

　　Please check the attachment, if you have any questions, please feel free to contact me, thank you.

（请查看附件，有任何疑问，请随时联系我，谢谢。）

Best wishes,

Lica Huang

■ 跟进思路小结

1. 首先要简明地告诉客户不必纠结前面的产品，现在给他推荐新的产品，总之要找一个理由，自然衔接。

2. 接着说明你对客户有一定的了解，这次推荐的产品他肯定喜欢，引起客户的兴趣。

3. 最后还是要引导互动，说明如果有任何疑问可以随时联系。

案例三

报价后跟进多封邮件，客户仍然不回复，怎么办？

■ 问题描述

半个月之前给客户发了产品报价，没有收到回复，过了两天我发了封邮件询问他是否收到价格、对价格有什么看法，还是没有收到回复，过了一周我又发了邮件问客户有没有收到报价，依然没有回复，现在该怎么办？

■ 原因分析

我们都会遇到一些报价之后跟进了很多封邮件但依然没有回应的客户。为什么他们无动于衷？首先我们需要知道原因。

客户无动于衷主要有两种原因：第一种是因为你答非所问，你提供的产品不是他想要的，所以他不会回复你；第二种是因为你的产品价格不适合他，你已经被他排除在外了，所以没必要再和你联系。

除了以上两种原因，当然还有其他原因，比如客户突然对这种产品不感兴趣了，公司突然倒闭，突然辞职、转行，或者客户的客户突然取消了这种产品的咨询等，造成客户对这种产品没有了需求，这样的客户任凭我们怎么跟进都不会有回音的。

跟进思路

对于这种跟了很多封邮件却依然无动于衷的客户，我们要使出最后的撒手锏——以退为进，倒逼出客户的答案，让我们知道客户到底是因为什么原因不回复。

撰写跟进内容

根据以上分析和思路，可以这样跟进：

Hello XX,

Here is Lica again, This is the sixth email I sent to you, hope it doesn't bother you. I am not sure why I haven't got your reply.

（还是我 Lica，这是我发给您的第 6 封邮件，希望它没有打扰到您。我不清楚是什么原因，一直没有得到您的回复。——先诉诉苦。）

Does my quotation fail to meet your requirements? Or is it for some reason? Can you tell me?

（是不是我的报价没有符合您的要求？还是因为什么原因呢？您能告诉我吗？——揣测可能的原因。）

Are you still interested in this product? If not, I will not continue to email you.

（您现在对这个产品还感兴趣吗？如果没有的话，我将不会继续发邮件给您。——再揣测其他原因。）

I very much hope that you can reply to me this time, even if it is your refusal, thank you. （这一次非常希望您可以回复我，哪怕是您的拒绝，感谢。——表达强烈的期望，倒逼客户给一个回应。）

Best wishes,

Lica Huang

跟进思路小结

1. 可以先诉诉苦，做一个情感铺垫，同时也让客户知晓你已经联系过他很多次。

2. 尽可能地揣测原因，只要能猜中真实原因，客户回复的概率就很大。

3. 引导客户回应，如果客户的回复是有需求，不过你没有达到他的需求，一定要询问客户是哪里没有达到需求，再继续跟进；如果客户的回复是现在已经没有需求，你就知道要放弃了，客户不对口，再跟下去只是浪费时间。

案例四

报价后客户让我等，该怎么跟进？

问题描述

要报价时客户表现得很急切，半夜发邮件问我准备好了没，我以最快的速度报了价格。过了两天，我又跟进了下，客户回复说要和他的伙伴商量下，下周会尽快给我答复。又过了一周，我问他有没有最新的消息，客户没有回复。又两天过去了，还是没有回复。现在该怎么跟进呢？

原因分析

我们可以抓住客户的一些表现，以此判断客户的性质。

第一，客户要报价的时候很着急，我们如何看客户这一状态？要么客户是个急性子，要么客户是个中间商，着急给他的客户报价，因此表现得很急切。

第二，客户拿到报价后说要和伙伴商量，这说明他不是最终决策者或者他不是唯一的决策者。

综合上面两点的分析，我们猜测客户大概率是中间商。

跟进思路

中间商客户回复的效率会比较低，因为他没有直接决策权，需要经过他的客户同意之后才能回复，因此在跟进的时候不应该太着急，而且跟进的方向也不是只询问客户的情况，更应该询问他的伙伴的情况。

收到报价迟迟没有回应，有可能是觉得价格高了，或者其他原因，这些也是我们需要跟进询问的。

撰写跟进内容

根据以上分析和思路，可以这样跟进：

It has been one week since you received our quotation. Has your partner read the quotation? What are his thoughts? Is there anything we can help?

（您收到我们的报价已经一周时间，您的伙伴看报价了吗？他的想法是什么呢？有没有需要我们帮助的呢？——直接问客户伙伴的想法，并询问客户有没有遇到问题。）

跟进思路小结

1. 根据客户的表现大致判断客户的性质，然后理解客户的行为，从而知道应该怎么跟进。

2. 中间商客户的跟进不应太着急，三五天跟进一次是比较合理的，跟进得太频繁容易招客户厌烦。

3. 中间商客户的跟进不应只跟进客户本身，还要了解客户的客户的状态，这样才能更好地跟进。

案例五

报价后客户说其他供应商价格更低，再跟进就不回复了，怎么办？

■ 问题描述

一个巴西的客户，之前也有过合作，但是之前因为交期的问题有点不愉快，就好久不和我们联系了。半个月前我试着给他发了最新的报价，他回复说我们的价格比其他供应商高，后面我又跟了两封邮件，都没有回复。报给他的价格其实还是有优惠空间的，但要怎么开口呢？要直接说可以优惠来挽留他吗？这样似乎不好。之前的不愉快会不会影响现在下单呢，我该怎么跟进？

■ 原因分析

之前合作过的客户，因为交期问题有不愉快，如果想要和他继续合作，这个不愉快是需要解决或者需要有交代的。把不愉快的事情解决了，再来谈价格才更容易被客户接受。其他供应商的价格更低，这很常见，但我们应该知道价格不是决定订单的唯一因素，能不能成交看的是综合性价比，也就是说除了价格，交期、服务等也很重要。

在这个案例中，交期的不愉快如果没有得到妥善地解决，哪怕价格给得再低，也未必能赢得客户的订单。所以，在跟进的时候，要先把之前的不愉快交代清楚，提出补偿方案，然后再沟通价格问题。

■ 跟进思路

先和公司商量一个补偿方案，可以是直接给客户补发一些货品，也可以是在这次订单中给客户具有绝对优势的价格来补偿之前因交期问题带来的不愉快，这也正好是客户需要的"更低的价格"。然后一定和客户说明现在的交货速度已经提升，给予客户合作的信心。最后表达合作的诚意，即有任何问题都可以随时联系，会在价格方面尽力配合，这样跟进的成功率会大大提升。

撰写跟进内容

根据以上分析和思路，可以这样跟进：

Dear XX,

We are very happy to receive your feedback on the price, our price can be lower for you, because of the previous delivery problem, we are very sorry, and have been looking for opportunities to compensate you.

（很高兴收到您对价格的反馈，我们的价格可以为您再降低一些，因为之前交期的问题，我们感到很抱歉，一直在想找机会给您补偿。——首先提出之前遗留的交期问题，表示会给客户补偿。）

After receiving your reply this time, I learned that you still have demand for our products, so I applied to the company to give you a very advantageous price in the new order: XX USD/pc. In order to make up for the shortcomings we did before.

（这次收到您的回复，得知您对我们的产品还有需求，因此我向公司申请在新订单中给您一个非常具有优势的价格：XX 美元/件。以此来弥补之前我们做得不足的地方。——根据客户现下的需求，提出具有吸引力的补偿方案。）

What are your thoughts on this? Welcome to tell us and we will try our best to meet your needs. In addition, our delivery speed has improved than before, and we look forward to our cooperation again, thank you.

（对此您的想法是什么呢？欢迎告诉我们，我们将尽力配合您的需求。另外，我们的交货速度比之前有提升，期待我们再一次合作，谢谢。——再次表达合作的诚意，说明交期缩短，给客户合作的信心。）

Best wishes,
Lica Huang

📖 跟进思路小结

1. 合作过的客户，如果之前遇到过问题但没有被妥善解决，就很容易断了联系，没有回复。

2. 想要让这样的客户有回复、下新单，必须先把历史问题解决，或者要有所交代，这样客户才会重新打开心扉，接纳新的合作。

3. 提出解决方案时要从客户的需求出发，正中下怀，效率才最高。

第四章
寄样品之后怎么跟进，或客户不回复怎么办？

案例一

客户收到样品后说是要检验，后来就再也没有回复了，怎么办？

📖 问题描述

参展结束后，给一个客户寄了样品，前后跟进了几次，他说要等做完检测再回复我。可是都过去 4 个月了，中途也推荐了一些新产品给他，他也没回复。现在想再次询问他样品的事，我该如何跟进才好？

📖 原因分析

参展的客户要了样品，至少说明客户有在考虑你的产品，但客户肯定不止从你一家要了样品，参展的客户通常是来收集"情报"的，样品也会选择多家进行对比。

已经测样几个月，正常情况是测试早已结束，若没有得到客户的回应，多半是因为你的样品已经被排除在外了。当然，也有一些样品测试时间会比较长，如果样品用于投标或者参与复杂项目的测试，需要的时间就会很长。我遇到过用了一年时间才测试完毕的客户。但不管是哪种情况，我们都不能是被动的，要把主动权掌握在自己手里。

如果样品没有满足客户的要求，推新品也激不起波澜，因为客户的心已经飞走了。所以，如果想拉住客户，还是要从样品入手。

跟进思路

如果客户说还在测试，我们也不能傻傻地等待，而是要主动出击，我们要询问客户：用于哪方面的测试？预计会测试到什么时间？是不是需要我们的参考建议？并表示如果这个样品没有满足需求，还有其他产品供客户选择，并且可以免费寄送。

掌握的信息越多，就越容易跟进客户。因此我们还需要学会从帮助客户的角度去询问，从而获得信息，而不是干巴巴地问"样品测试好了吗？""样品有什么问题吗？""打算什么时候下单？"这样的问法，客户不烦才怪呢！

撰写跟进内容

根据以上分析和思路，可以这样跟进：

Dear XX,

How are you?

It has been 4 months since you received the sample. Have you finished the test?

（距离您收到样品已经 4 个月，您测试完毕了吗？——直接询问测试进展。）

If it has not been completed, can you tell us when the test is expected to be completed?

（如果还没有完毕，您可以告诉我们预计什么时间能完成测试吗？——提出假设，询问测试完成时间。）

In this way, we will wait for you to complete the test before contacting you to avoid disturbing you.

（如此，我们将等您测试完成后再联系您，以避免打扰您。——从避免打扰客户的角度，引导客户告知测试完成时间。）

In addition, what kind of testing did you use for? We have many customers test sample that are successfully completed with our help, so if you need our help, please feel free to tell me.

（另外，您是用于哪方面的测试呢？我们有很多客户测试样品都是在我们的帮助下顺利完成的，所以您如果需要我们的帮助，请随时提出来。——引导客户交流更多信息。）

And if there is a problem with the sample, please contact us in time, and we will provide you with samples that better meet your requirements.

（如果样品存在问题，也请及时与我们联系，我们将为您提供更符合您要求的样品。——提出假设，引导客户回复样品情况。）

Waiting for your reply, thank you.

（等待您的回复，谢谢。——引导客户回复。）

Best wishes,

Lica Huang

跟进思路小结

客户收到样品后很长时间没有反馈，通常有这三种可能：一是样品不符合要求；二是测试还未完成；三是客户已经对这款产品没了需求。因此我们跟进的方法是先通过一系列的假设性提问引导客户回复，然后根据客户的回复大致判断客户属于哪种情况。

如果是样品不符合要求，要问客户是哪里没有符合要求，让客户告知需求，重新找一款产品寄样给客户。

如果是测试还未完成，要问出客户测试的预计完成时间，到预计完成时间再来询问客户情况，其间则不打扰客户。

如果是客户已经对这款产品没了需求，只能放弃跟进。但可以询问客户是否需要了解其他产品。

案例二

给客户寄了样品并初步沟通后，没消息了怎么办？

问题描述

我们是做塑料产品的，给客户寄了样品，客户收到样品后，说我们的样品厚度不够，还寄了他们的样品给我们，说如果我们能做到他们的厚度，他们就下单给我们。后来我回复说能做到这个厚度，客户却再也没有消息了，怎么联系都没回复。邮件回执都有，说明他读了邮件，但就是没回音，下一步我该怎么做呢？

原因分析

在样品没有达到客户要求的情况下，很多客户不会回复，他们会继续寻找符合要求的供应商。如果客户有回复并告知了原因，并且明确地告知需求，那说明客户还对你抱有一丝期望，换言之，你还有希望。

但是为什么客户一直没有回应了呢？尽管已经说明能达到客户的要求，但是客户依然没有回应，是什么原因？因为客户还在寻找其他供应商，在看其他家的样品，如果有比你更合适的供应商，就会彻底不回复、不理睬你了。

但是客户找到合适的供应商还需要时间，因为寄样和需求的沟通都需要时间，那么我们就还有机会，如果产品真的能做到客户的要求，这时候的跟进就很重要。

跟进思路

了解到客户很可能在物色其他供应商，想要把握主动权就要主动给客户寄一个能满足其要求的样品过去，或者先向客户传达这个意思。

满足客户的需求是跟进的关键。客户此时需要什么？需要找到一个符合要求的样品，那么我们就主动提供。这是跟进的破局点。

但客户不回复的原因可能有很多，也有可能不是因为样品不符合要求，而是因为报价与心理价位不符，或者我们的其他服务没有做好，所以我们在跟进的时候，还要引导客户交流其他方面的问题。

客户下订单一定是综合考虑的结果，产品品质、价格、服务、交期、售后等都会影响客户最终的决定。

撰写跟进内容

根据以上分析和思路，可以这样跟进：

Dear XX,

After receiving the sample sent by you, I confirmed with our factory that we can achieve the thickness you requested. Do we need to send you a new sample now?

（收到您寄来的样品，我与我们工厂确认了我们可以做到您要求的厚度，现在是否需要我们重新寄一个样品给您呢？——提出要给他寄新样品，引导客户回复。）

In addition, do you have any requirements for prices or delivery dates? Any questions, welcome to communicate, we will do our best to serve you. Thanks.

（另外，您对价格或者交货期等有什么要求吗？如有任何疑问，欢迎交流，我们将全力服务您。谢谢。——继续问一些其他问题，因为有时客户不回复并不一定是因为样品，而是其他原因。）

Best wishes,

Lica Huang

跟进思路小结

1. 客户收到样品并初步沟通后不再回复，大概率是因为样品不符合要求，小概率是因为样品之外的其他原因。

2. 客户不回复就说明他在寻找其他供应商，一旦找到最合适的就彻底不会理睬你。所以打铁要趁热，在哪里卡住就把哪里作为切入点进行跟进。

案例三

客户表示对样品很满意，但迟迟不下单，怎么跟进？

▇ 问题描述

客户是中间商，6月23日给客户寄出了样品，6月29日客户收到后回信说对样品很满意，但是12天过去了，没有一封邮件往来，也没有进一步的消息。我不知道怎么去跟进这个客户，发邮件去催他吧，感觉不太好，因为客户是中间商，他还要问他的客户；但不发邮件给他吧，又怕时间长了客户会忘记我，我该怎么跟进？

▇ 原因分析

客户是中间商，客户表示对样品很满意，但是并没有进一步的消息，说明客户还没有想好要不要下单，这时候去催单，自然是不合适的。而且如你所说，客户还要跟他的客户确认，所以此时催单不会得到好反馈，还可能招客户厌烦。

不催单就不能跟客户联系了吗？肯定不是。我们不催单，但是可以跟进了解客户的状态和进度。

▇ 跟进思路

在跟进时不要说"您什么时候下单"这样赤裸裸的催单言语，可以说"您的客户看过样品了吗？觉得怎么样？"，了解客户情况。虽然最终的目的都是希望客户下单，但后者的格局更大一些，也不会引起客户的反感。

▇ 撰写跟进内容

根据以上分析和思路，可以这样跟进：

Dear XX,

We are very happy that you are satisfied with our sample. And, do you need to confirm with your customers?

（很开心您满意我们的样品。您是不是需要跟您的客户确认呢？——问问客户能否自己决定订单。）

It has been 12 days since you received the samples. Have your customers seen the sample? Are they also satisfied? Have any feedback?

（您收到样品已经12天了，您的客户看过我们的样品了吗？是否也对我们的样品是满意的呢？您的客户有反馈吗？——询问客户的客户的情况。）

Best wishes,

Lica Huang

跟进思路小结

1. 客户满意样品是好事，如果客户可以决定订单，可以直接询问下一步计划；如果客户是中间商，要等他的客户给他订单，可以问客户的客户的情况，再有针对性地跟进。

2. 若客户的客户对样品不满意，要问是哪里不满意、接下来需要怎么配合等，帮助客户拿下订单，你才有订单。

案例四

样品检测合格后客户回复收到其他家的低报价，怎么办？

问题描述

5月底的时候和一个欧洲的客户沟通产品报价并寄送样品，样品检测结果出来后，客户让先做份合同发他看下，上周我将合同发过去了。这两天询问有没有需要改动的细节，客户没回。昨天晚上客户突然回复说，有一家给的报价比我们低很多，我该怎么回复才能让客户回心转意？或者他是在压价吧？

📖 原因分析

客户联系的供应商肯定不会只有一家，除非这个产品只有一家能生产，否则客户大概率会测试多家供应商的样品，然后对比，选择性价比最高者合作。因此，对于客户所说的其他家的报价比你们低，应该重视并相信可能确实如此。如果其他家比你们价格低，那么应该想想怎么拉回客户的心。

当然也不排除这是客户压价的行为。我们该如何判断这种情况是客户压价的可能性更大，还是客户说的有价格更低者的可能性更大呢？我们要根据客户的反应来判断，如果客户很积极地与你讨论价格，要求降低报价，那么客户压价的可能性更大；如果客户就是非常明确地说有人的价格比你们更低，那很可能确有其事，我们就要重视。

📖 跟进思路

如果客户是想压价，首先应该考虑我们的价格底线在哪里，其次一定想办法让客户先抛出目标价（根据谈判心理学，先出价者在谈判中处于下风）。这样更方便我们把握客户的心理，有助于谈判。

如果真的有其他供应商出价更低，我们又该怎么与客户沟通呢？先试探客户口中的更低价是多少，知道对方的价格后我们才知道应该做到哪个程度。然后问问客户价格更低的产品性能和质量如何，其实这个问句是让客户思考低价格是不是能有好产品。因为通常情况下便宜没好货，如果客户只看价格忘了看产品质量，这句话就引起了客户的思考。

最后，我们要展示我们的产品和服务优势在哪里，间接证明我们的产品值得这个价格。但需要注意的是，既然客户提到了更低价，就代表他偏向于更低价，因此，"意思性降价"是有必要的。什么是"意思性降价"？即我们表达一个降价的意思即可，一两美元都可以，而不是客户要求的5美元。

撰写跟进内容

1. 如果客户是在压价，可以这样跟进：

Dear XX,

Glad to receive your reply. Thank you for letting us know what you think. And what price would you like that we give?

（很开心能收到您的回信。谢谢您告知我们您的想法。您希望我们给出什么价格呢？）

Best wishes,

Lica Huang

2. 如果真的有更低价的竞争者，可以这样跟进：

Dear XX,

Thank you for your reply, and I am happy that you found a supplier with a lower price.

（感谢您的回信，也为您找到更低价的供应商感到开心。）

Can you tell us what their price is? Maybe we can do it too.

（您可以告诉我们，他们的价格是多少吗？说不定我们也可以做到。）

Have you tested the quality of their products? Is it good too?

（您测试过他们的产品质量吗？是不是也挺好的？）

Let me tell you about our advantages to help you know more about us:

（再跟您说一下我们的优势，帮助您了解我们更多：）

Advantage 1: Novel design;

Advantage 2: Exquisite and high-grade appearance;

Advantage 3: No need to install batteries, safer to use;

Advantage 4: Using the latest technology, excellent quality;

Advantage 5: 12 - year factory, timely after - sales service;

Advantage 6: accept customer customization and design for you for free.

(优势1：设计新颖；

优势2：外观精致高档；

优势3：不需要安装电池，使用更安全；

优势4：使用最新工艺，质量过硬；

优势5：12年老厂，售后服务及时；

优势6：接受客户定制，免费为您设计。)

In addition, you can tell us your target price, and we can apply for you.

(另外，您可以告知您的目标价格，我们可以为您申请。)

Waiting for your reply, thanks.

(等待您的回信，感谢。)

Best wishes,

Lica Huang

跟进思路小结

1. 客户说有更低价的竞争者出现时，我们应该判断客户属于压价还是确有其事，有了明确的方向，跟进才有效果。

2. 客户说有更低价的供应商，一定不要着急生气，而是应该先恭喜客户找到了更低价的供货商，让客户心理上感到舒适，之后他才会更愿意看/听你接下来要表达的内容。

3. 自己的优势越多越好，比如产品优势、公司优势、服务优势，引导客户考虑综合性价比，而不是只是关注价格，这样就能成功地把客户拉过来。

案例五

看样后一直说忙的客户，该怎么跟进？

■ **问题描述**

我有一个展会客户，在展会现场看了样品，意向很大。后续经过沟通，确认了收货地、运费，甚至连形式发票也做了，但每次跟客户沟通，他都说忙，我要怎么继续跟进呢？

■ **原因分析**

经常说忙的客户到底是什么情况？是真的忙还是托词？通常情况下，客户说忙大概率是真的很忙，而且这种类型的客户都在中国有代理，代理相当于助手角色，帮助他磋商和交接订单。

■ **跟进思路**

既然客户是真的忙，那么我们的跟进重点在哪里？有两点是重要的，第一点，我们的角色是什么？我们应该把自己当作客户的助手之一，尽量站在客户的角度帮客户解决问题，能做的就多做一点，把客户当成需要被照顾的孩子，不让客户操心，这样更容易得到订单。第二点，客户平常很忙，很多琐碎的事情肯定都是代理在负责，我们应该把握和代理交流的机会，和代理站在统一战线，争取更快地拿下订单。

■ **撰写跟进内容**

根据以上分析和思路，可以这样跟进：

Dear XX,

Knowing that you are busy, I will not take up your precious time.

（知道您很忙，我将不占用您宝贵的时间。——表示理解客户的忙，不会经常打扰他，这样客户不易反感。）

PI has been sent to you, if you need to modify it, please let me know. In addition, I am willing to be your assistant. Anyone who needs my help, please bring me forward. I am very happy to serve you.

（形式发票已经发送给您，如果有需要修改的地方，请您告诉我。另外，我愿意成为您的助手。有任何需要我帮忙的，请提出来，非常乐意为您服务。——提醒他看形式发票，另外表"衷心"，表示会扮演好助手的角色。）

Best wishes,

Lica Huang

联系客户的同时，别忘了联系客户代理，时常问一问代理客户最近的动态、需要哪些帮助等，代理在一定程度上代表了客户。

跟进思路小结

1. 对于明确说忙的客户，一定要像一个助手一样去帮客户做更多，让客户不操心，这样离拿订单就不远了。

2. 客户代理在一定程度上代表客户，能和代理多沟通是更好的。

第五章
遭客户拒绝,或客户已找到更好的供应商,怎么跟进?

案例一

客户说"你们的价格太高了,我要选择更便宜的",怎么办?

■ 问题描述

客户说"你们的价格太高,不好意思,我准备选择更便宜的",其实我们的价格已经很低了,这种情况下怎么办?

■ 原因分析

从客户的表达中,能感觉到客户可能是真的认为你的价格高了,客户可能确实发现了更便宜的供应商。当然,这也可能是客户压价的一个说辞,希望你给他降价。但根据客户的表达,我们更倾向于认为客户是真的认为你的价格高。

■ 跟进思路

单纯比价格也许真的不占优势,但是我们要知道,促成成交的因素绝不仅仅只有价格。所以,我们的跟进思路是试探一下客户所说的更便宜的价格是多少，同时询问客户的目标价格。先要知道客户的价格需求，然后才好对症下药。

若客户告知了目标价格，我们要找找我们的产品中有没有能做到这个价格的，如果有，则推荐给客户。如果做不到客户的价格，就要从其他方面入手打动客户，例如产品品质高、出货快、售后服务周到、专业性强或者支持更好的付款方式等，都可以作为打动客户的因素去沟通。

撰写跟进内容

根据以上分析和思路，可以这样跟进：

What kind of price is considered as a cheaper price? Can you tell us your target price?

（什么样的价格算更便宜的价格呢？您可以告诉我们您的目标价格吗？）

这时客户会告知一个价格，然后我们围绕这个价格去帮客户找产品，再推荐给客户。

如果客户给出的价格无法做到，可以先把价格放在一边，了解和解决客户的其他痛点和需求，之后再聊价格：

In addition to the price requirements, do you have any other important requirements? If have, please tell us, we will select the product that best meets your needs based on your needs.

（除了价格的要求，您还有哪些重要要求吗？如果有，请您告知，我们将结合您的需求筛选出最满足您需求的产品。）

这样就能问出客户其他方面的要求，我们就可以先绕过价格跟客户沟通其他的细节。若其他需求都能满足，客户对于价格的要求可能就会降低，这样我们就更有可能做成这个订单。

跟进思路小结

1. 遇到要求更低价格的客户，一定要记住价格不是唯一的成交因素，第一步要问出客户的目标价格是多少。

2. 针对客户的目标价给客户推荐产品。

3. 如果确实无法做到客户提出的价格，先把价格问题放在一边，从其他方面入手，先满足客户的其他需求，再回头谈价格，这时候只要稍微降一点价格，就很可能成交。

案例二

客户说找到了其他供应商，怎么跟进？

■ 问题描述

给客户报价已有半个多月了，中间由于付款问题断了联系，现在老板又让我找到客户说同意他们的付款方式，但是客户回复说我们报价太高，并且说他们已经找到价格更好的供应商，这种情况怎么跟进呢？

■ 原因分析

断了联系的客户还愿意回复，存在两种可能性，一种是客户还没有确定供应商，另一种是客户出于礼貌给予回应。但通常情况下，后者的可能性很小，一旦客户找到了中意的供应商，并不会再花费时间去理会其他人。所以客户给予回复，大概率说明他还没有找好供应商，或者还在犹豫。尽管客户说已经找到了价格更低的供应商，那也不一定就认定了那家供应商，否则就不会回复你。换言之，你还有希望。

■ 跟进思路

客户回复表示报价太高，有可能是在压价，所以还是要从价格出发，问清楚客户的价格需求，看看能否做到。另外，倘若客户真的已经找到了更合适的供应商，也要把自己的优势展示出来，让客户看到，让他衡量和选择。

我们应该知道，没有一个供应商是完美的，对方价格比我们低，但是其他方面未必有我们的优势，所以我们需要做的是把优势列出，证明我们更适合客户的需求，以挽回客户的心。

撰写跟进内容

根据以上分析和思路，可以这样跟进：

Hello XX，

Can you tell us your target price? Maybe we can do it too.

（您能告诉我们您的目标价格吗？也许我们也能做到。——问出客户的目标价格。）

Moreover, you are definitely not looking for low – priced suppliers only. Generally, the quality of low – priced products is not very good.

（而且，您找供应商肯定不是只找价格低的。通常来说，价格低的产品品质也不太好。——引导客户不要只关注价格。）

You definitely want to find a reasonable price, good product quality, and other reliable services to cooperate with suppliers, because this can save a lot of trouble, and rest assured is the most important.

（您肯定想找到一个价格合理、产品质量不错、其他方面的服务也靠谱的供应商合作，因为这样能省去很多麻烦，放心最重要。——引导客户关注其他方面，给我们展示优势开个头。）

Our advantages are roughly as follows:

（我们的优势大致如下：）

1. The product has passed XX certification;

2. Our factory with XX people;

3. Cooperate with XX international big brand;

4. XX years of export experience;

……

（1. 产品经过 XX 认证；

2. 拥有 XX 人的工厂；

3. 和 XX 国际大牌有合作；

4. 出口经验 XX 年；

……

——列举的优势越多越好，但优势必须是真实存在的。）

Welcome to ask for details, we will serve you wholeheartedly. Thank you.

（欢迎您详细了解，我们将竭诚为您服务。谢谢。）

Best wishes,

Lica Huang

跟进思路小结

1. 客户跟你说别家价格更低、别家更好，通常是在比较，他想知道对比别家，你们家好在哪里。所以要亮出自己的优势，同时注意扬长避短。

2. 客户选择供应商绝对不只是看其中一个因素，例如不会只看价格便宜就下单，他也会考虑产品质量、交期、售后、服务专不专业等问题。因为客户选择供应商是综合考量的结果，所以我们不应局限于某个因素，应多方面和客户沟通，展现自己的优势。

案例三

面对客户有理有据的拒绝，该怎样回复？

问题描述

上个月给客户发过一次报价单，但没有得到回复，一直跟进，昨天收到了客户的回复，大意是说我们的价格高，是没有合作过的新公司，而且是贸易公司，他为什么要选择我们。这个客户已经跟了一个月了，面对这样的拒绝，实在不知道怎样回复。

原因分析

我们来分析一下客户提出的三个问题。

第一个问题：你们的价格比其他供应商高。

对于这个问题，我们需要做一个详细的了解，要知道自己的价格是不是真的比其他供应商高，如果高，高多少？这需要我们去 C 端平台（亚马逊、速卖通等）收集价格信息，据此判断自己的价格在同行中处于哪个位置。这样我们面对客户的质疑和压价才不会心虚。如果真的是价格高于同行平均水平，我们就要想清楚，价格不是我们的谈判要点，要从其他优势方面去谈判。这里的思路参照案例一。

第二个问题：你们是没有合作过的新公司。

这个问题反映出客户对于信誉的要求比较高，客户希望能和靠谱、有实力的公司合作。这就需要我们把能证明公司靠谱、专业、诚信、实力的一些证据亮出来，例如参加展会的照片、工厂和公司的照片、各种认证证书、出口的单据等。而且对于这样谨慎的客户，我们不能一上来就要求对方下大订单，而是要从小订单或试订单开始，作为建立信任的起点。

第三个问题：你们公司是贸易公司。

这句话的含义就是你们的价格比工厂高。价格确实是一个困扰贸易公司的因素，但一定不是绝对的影响因素。我们要坚信，这世上没有一家完美的公司，工厂也有工厂的问题，他们也有劣势，贸易公司不全是没有优势的，所以要找到我们的优势所在，发挥优势，吸引客户。

跟进思路

针对客户的质疑，我们逐一进行解答。

客户说价格比其他供应商高，我们可以说虽然价格略微偏高，但我们的服务更加灵活周到，24小时内回应处理问题，给他提供安心保障。

客户说没有合作过，缺少信任，我们可以把公司的介绍、证书、资料、认证等发给对方，并提出可以下一个试订单，合作一次试试。

客户说是贸易公司，我们可以说我们虽然是贸易公司，但是我们的信誉很好/产品很好/服务很好……，扬长避短。

撰写跟进内容

根据以上分析和思路，可以这样跟进：

Hello XX，

Glad to see your reply, and thank you for your questions. This is the beginning of our good communication.

（非常高兴看到您的回复，同时感谢您提出的疑问，这是我们良好沟通的开始。——开场的寒暄。）

For your question, our answer is as follows：

（对于您提出的问题，我们的回答如下：）

If it is only from the price point of view, we do not have much advantage, because our price is indeed a bit high, but our service is very good. We will respond to your questions within 24 hours and give you peace of mind.

（如果只是从价格上看，我们确实没有多大优势，因为我们的价格确实有些偏高，但我们的服务是很好的。我们会在24小时内回应您的疑问，给您安心的服务。——列举出我们的优势，让客户知道，从而让客户不仅仅只盯着价格。）

We have never cooperated before, so we hope you can give us a chance to communicatemore. You can try to place a small order first to check whether our product quality and service pass the test. You can also look at our company's introduction materials, certificates, etc., which can prove that we are a reliable company.

（我们确实没有合作过，所以希望您能给我们一次深入了解的机会。您可以试着先下一个小订单，来考察我们的产品品质和服务是否过关。您还可以看看我们公司的介绍资料、证书等，这些能证明我们是一个靠谱的公司。——打消客户的疑虑，同时引导客户下试订单。）

We are indeed a trading company. People's impression of a trading company is that the price is too high, but the price does not completely determine the success or failure of an order. Hope you can give a chance to cooperate and let the facts to speak.

（我们确实是贸易公司，人们对贸易公司的印象就是价格偏高，但是价格并不能完全决定一个订单的成败。希望您能给我们一次合作的机会，让事实说话。——争取合作，让事实证明，打破客户对贸易公司的偏见。）

Hope have the opportunity to have an in-depth exchange with you, thank you, and hope to get your reply.

（非常希望能有机会与您进行深入交流，感谢，希望得到您的回复。——再次表达我们的期望，引导客户回复。）

Best wishes,

Lica Huang

📖 跟进思路小结

1. 客户的质疑其实是好事，给了我们机会阐释和展示自己，也给了我们机会与客户进行深入的交流。

2. 我们要对自己的优缺点了如指掌，然后在客户面前做到扬长避短。

3. 用积极的态度回应客户的质疑，争取合作的机会，哪怕是很小的试单、样品单，做好小单才能做成大单。

案例四

客户说暂时不需要，怎么跟进？

▪ **问题描述**

给很多潜在客户发了开发信都没回复，好不容易有一个回复的，却说暂时不需要生产，这个客户是做网上销售的，主要销售各种品牌的晚礼服。客户这样说是他们目前不需要生产大货，还是有可能他们就是不做生产，直接从各个品牌进货呢？这种情况应该如何跟进呢？客户的官网上除了各种品牌的晚礼服，也有一些不属于那些品牌的，因此我猜这个客户也是有采购需求的。

▪ **原因分析**

客户购买的前提是客户有需求，而客户有需求的前提是产品对口，也就是说我们供应的产品需是客户需要的产品，否则不算是对口。我们开发客户的前提是找到对口客户，如果不是对口客户，我们的努力注定会白费。所以，我们首先要判断和筛选出对口客户，然后再去做开发。

这个案例中的客户，只能算一般对口，因为客户主要是做品牌产品，对自主生产的产品没有很大的需求，或者说客户对自主生产的产品有需求，不过需求量不大，也不急。

▪ **跟进思路**

客户说暂时没有生产需求，我们可以询问客户一般在什么时候有需求，这样我们可以根据他的需求进行推荐和提供资料，也就不会打扰到他。

对于这类"不急、暂时没有需求"的客户，只能慢慢跟进，了解客户的信息和情况后进行有节奏的跟进。

撰写跟进内容

根据以上分析和思路，可以这样跟进：

Happy to receive your reply. We are a professional dress manufacturer. I see that the products on your website are what we can provide, so contact you to see if we can serve you.

（很高兴收到您的回复。我们是专业的礼服制造商。我看到您网站上的产品是我们能够提供的，所以联系您，看看我们能否为您服务。——说明我们联系客户的意图，降低客户的防备心。）

You said that there is no need for the time being, it doesn't matter. When you need it, we can provide you with professional services. Please allow us to be in your list of candidate suppliers.

（您说目前暂时没有需要，没有关系。在您需要时，我们能够给您提供专业的服务，请允许我们进入您的候选供货商列表。——引导客户接受我们进一步的沟通。）

May I know when you generally have a demand for dress production? Can you please inform us so that we can recommend and provide information according to your needs, saving you time and avoiding disturbing you, thanks.

（我是否可以知道您一般在什么时间会对礼服生产有需求？可否请您告知，这样我们可以根据您的需求情况进行推荐和提供资料，节省您的时间，也避免打扰您，感谢。——从客户的角度考虑，引导客户说出我们需要的信息。）

跟进思路小结

1. 只要是对口客户，就可以开发跟进。

2. 客户说暂时不需要，说明他有需求，只是现在不需要，所以我们要争当客户的候选供应商，等待时机。

3. 我们的等待不是被动等待，而是要主动从客户口中获得更多信息，同时也要通过搜索引擎了解客户更多背景信息，这样才能更快地抓住客户。

案例五

客户说他不想换供应商，怎么办？

📖 问题描述

前几个月开发的新客户，因为报的价格高了一些，就没有理我，后来我特意把价格降了一点，客户回复说价格很好，但是他现在不想更换供应商，原文如下：

Thank you for the proposal.

（谢谢你的提议。）

However we have long relationship with our card supplier and we prefer to stay with him.

（然而，我们与我们的卡片供应商有着长期的合作关系，我们更愿意和他合作。）

It is important to know that you have good products and good prices.

（重要的是知道了你有好的产品和好的价格。）

这种情况下，我该怎么顺利进入供应商队伍呢？

📖 原因分析

对于国外客户来说，找到一个靠谱的、合适的供应商是非常不容易的事情，因此一旦建立了合作关系，一般都是比较长久的，他们之间建立的信任和默契是阻碍其他新供应商"插足"的最大因素。这样的客户往往非常忠诚，一旦合作，不容易跑单，可谓是优质客户。

那么新供应商是不是就完全没有机会了呢？不一定，因为客户对供应商忠诚是因为供应商能满足客户的利益需求，一旦客户的利益受到损害，或需求无法得到满足，或其他人能给其带来更大利益时，客户也会动摇。

客户的利益受损或需求无法被满足，这两点都不在我们可控范围内，这也就是外贸人经常说的"要等待，等到哪天客户'御用'供应商出问题，我们才有机会"。所以我们是不是只能被动等待？并不是，相反，我们要主动出击，只要我们能满足客户的需求，或能给客户提供更大的价值，客户"变心"是迟早的事，因为商人的本质是逐利。

跟进思路

跟进这类客户，需要用到"备胎"思维。什么是"备胎"思维？就是我不影响你下单给固定供货商，但有一些小订单可以下给我。也就是我可以做你的候选。

但只有"备胎"思维还不够，我们还要有精进思维，精进产品、降低价格、改进服务等，只有自己变强大了，才更能把握主动权。

对于客户这么明确的拒绝，我们该如何跟进呢？根据"备胎"思维和精进思维，跟进要分三步：第一步，明确表达愿意成为客户的"备胎"；第二步，告诉客户自己有哪些优势，能给客户带来什么益处；第三步，引导客户先合作样品单或试订单，必须先建立起合作，才有机会深入客户的心。

撰写跟进内容

根据以上分析和思路，可以这样跟进：

Dear XX,

Thank you for telling us that our price is advantageous.

（谢谢您告诉我们，我们的价格是有优势的。——感谢客户的同时表扬自己。）

Please allow us to be your alternative supplier and fill the vacancies for you. When you need help, we are always there.

（请允许我们成为您的备选供应商，为您填补空缺。当您需要帮助时，我们随时都在。——明确表达当"备胎"的决心。）

In fact, apart from the price, our delivery time is relatively short compared to other suppliers. We only need 10 days to produce 10000 items. You will not have to worry about delivery issues if you cooperate with us.

（其实除了价格之外，我们的交货期相较于其他供应商是比较短的，我们生产10000件货品，只需要10天。您和我们合作，将不用担心交期问题。——说说自己的优势，吸引客户。）

If possible, you can check the sample first, or place a small number of trial orders to test our strength.

（如果可以的话，您可以先查看样品，或下小数量试单，以此来检验我们的实力。——引导客户先建立合作。）

Looking forward to communicating with you more, thank you.

（期待和您沟通更多，谢谢。——引导客户进一步沟通。）

Best wishes,
Lica Huang

跟进思路小结

1. 对于有固定供应商的客户，能使他改变的，只有两个原因：一个是原来的供应商出了问题，另一个是新的供应商能给他提供更大的价值。基于这两点，我们就会用到"备胎"思维和精进思维。

2. 想要打动这样的客户需要些耐心和时间，先建立合作，哪怕是很小的样品单，也是打开客户心门的重要一步。

3. 拼尽全力做好第一单的合作，只有第一单拿住了，后面才有继续的可能。

第六章
客户回复后怎么跟进，或客户提出新问题怎么跟进？

案例一

报价中有些价格报高了，该如何跟客户说明并重新报价？

▌问题描述

客户有一批货值约 500 万美元的产品用于投标，数量约 8500 个，其中 1000 个产品需要另开模具并特殊定做。考虑到这 1000 个产品的特殊性及国际市场上的稀缺性，我把价格报得比较高（利润率超过 100%），客户回复说这个价格没竞争力。但另外的 7500 个产品我报的价格算是合理甚至有点低。算起来，这 1000 个产品的价格只占总价的 4% 左右。跟公司领导商量后，同意将这 1000 个产品的价格降 50%，另外 7500 个产品的价格不变。我该怎么跟客户说明我们的降价行为，才能让客户感觉到我们的诚意？这个客户我已经跟了将近半年了，客户对我们的产品、反应速度及专业程度非常满意，所以如果价格这块能搞定，成交希望会非常大。

◼ 原因分析

报价不准确是外贸业务中常见的情况,如果对于价格和市场的把握不充分,就容易把价格报高或者报低,因此我们要知道如何处理这些情况,让订单顺利推进。这个案例属于报高了价格,报高价格再往下降相对于报低价格再往上加会更容易。

◼ 跟进思路

需要定制的 1000 个产品价格如果直接降 50%,幅度太大,容易让客户认为产品的利润空间很大,反而会激起客户压价的想法,所以凡是涉及报价、降价都需要按照"三阶段报价法"来进行,分三个阶段慢慢降价。

为了能更好地使用"三阶段降价法",在这个案例中,我们要先问清楚客户的目标价到底是多少,这样才能更好分配三个阶段的降价幅度。

举个例子,例如该产品的成本价是 100 美元,客户的目标价是 130 美元。案例中提到初次报价后的利润率超过 100%,即初次报价为 200 美元,这种情况下该如何设置三个阶段,让价格降低至接近客户的目标价?

我们可以这样设置:第一次报 200 美元;如果客户说价格没有竞争力,第二次可以报 170 美元;如果客户还觉得高,第三次可以报 150 美元,这与客户的目标价只差 20 美元了;如果客户还是说希望降价,那么第四次就可以报价 135 美元。总之,不要一次降到客户的目标价,要留有一些降价空间。

对于一些很爱压价的客户,一定要留有降价空间,因为砍价是他们的习惯。当然如果客户是爽快的,可能不需要三个阶段,报一次价格就能成交。所以降价的阶段和空间还需要根据客户的情况来制定。而"三阶段报价法"是相对保险的做法。

◼ 撰写跟进内容

根据以上分析和思路,可以这样跟进:

We are very willing to establish cooperation with you. Regarding the price issue you mentioned, I will give feedback to my boss, so can you please tell us your target price? I will communicate with my boss and apply lower price for you.

（我们非常愿意与您建立合作关系，对于您说的价格问题，我将向老板反馈，所以请您告诉我您的目标价格是多少。我会和老板沟通，申请给您降低价格。——要先知道客户的价格期望在哪里，才好设置后面的降价，所以要引导客户告知他的目标价格。）

跟进思路小结

1. 面对报价高的情况，哪怕我们很愿意降价，也不能表现出我们能降很多，这样客户会认为你的利润空间很大，要大力压价才行，不利于订单成交。

2. 只要遇到客户压价或者需要降价的情况，都可以使用"三阶段报价法"，这个方法是保险的，并且符合人的心理。

3. 为了把握主动权，我们必须先了解客户更多。如果客户只是单纯地说价格高，我们需要先问出客户的目标价格，知道了客户的心理价位，才能知道怎么报价。

案例二

客户说价格高，怎么跟进？

问题描述

好多客户都反馈说我报的价格高，但是客户出的价格又实在太低了，怎么与客户交流才能让客户下单呢？

原因分析

客户永远都会认为报价高，所以首先我们需要把这样的情况当作非常正常的事情来看待。而且客户认为价格高未必是真的高，也可能是客户想要拿到更低价格的一个压价说辞。所以我们要清楚自己的报价是不是真的高。

怎么了解呢？通常我们可以在 C 端平台，例如亚马逊、速卖通等平台上收集同款产品或类似产品的价格，筛选出平均数，这个平均数就是这款产品的中间价。然后用我们的价格与中间价对比，如果差不多，那么客户说的价格高就不是实际上的高，可能只是客户压价的手段或者是客户心理预期价格太低。

跟进思路

客户说的价格高主要分为两种情况。第一种情况是价格真的比行业平均水平高。这种情况下，如果能降价则降价，实在不能降价，就需要从其他方面找出自己的优势，例如产品质量、售后服务、支持更有利于买家的付款方式或者出货快等。客户最终看的是综合性价比，而不仅仅是低价格。

第二种情况是价格和行业平均水平差不多或偏低。这时候客户说的价格高又分为两种情况，一种是客户想压价，获得更低的价格；另一种是客户的心理预期价格本身偏低。

如果是客户想压价，我们可以清楚地告知客户，我们的价格处在什么样的位置，这样的价格合理且具有竞争力，但为了和他合作，可以稍微降低一点，以表合作的诚意。

如果是客户的心理预期价格本身就低，我们就要帮助客户提高其对产品价格的认可度，让客户认为这个产品就值得这个价。我们需要告诉客户产品好在哪里，为什么值得这个价格。

撰写跟进内容

1. 价格真的比行业平均水平高时，可以这样跟进：

As for the price, we will try our best to strive for a lower price for you. At the same time, you can also pay attention to our following advantages:

（对于价格，我们将尽量为您争取更低，同时您还可以关注我们的以下优势：——引导客户关注其他优势。）

The product has XX certification;

The product is in stock and can be shipped within three days;

Our after-sales time is three months after you receive the goods;

（产品具有 XX 认证；

产品有库存，可以在三天内发货；

我们的售后时长是您收到货后的三个月；）

If you cooperate with us, you can be more at ease.

（您与我们合作，您可以更加安心。）

2. 价格不高但客户想要更低价时，可以这样跟进：

We have been in this industry for X years and we are a mature enterprise. We also know that our prices are similar to those of our peers, or even lower, but since you want a lower price, we are willing to give you a lower price. This is our sincerity to cooperate with you, and hope that we can start a happy cooperation, thank you.

（我们从事这一行已经 X 年了，是成熟的企业。我们也知道我们的价格与同行的价格是差不多的，甚至还偏低一点，但既然您希望有更低的价格，我们愿意给您降低一点。这是我们表示与您合作的诚意，希望我们开启愉快的合作，谢谢。——告知客户我们是了解自己的价格的，但我们愿意降价来争取合作。）

3. 客户心理预期价格低于行业平均水平时，可以这样跟进：

Our prices are competitive, and you can also check the market. At the same time, our products also have these advantages:

(我们的价格是有竞争力的,您也可以了解一下市场行情。同时,我们的产品还具有这些优势:——展示产品的优势,证明产品值得这个价格。)

Have XX certification;

Produced using XX technology;

With XX function;

……

(拥有 XX 认证;

使用 XX 技术生产的;

具有 XX 功能;

……

——这里可以多列举一些优势。)

Maybe you can place a trial order or sample order to see if our products are worth the price.

(也许您可以下一个试订单或者样品单看看我们的产品是否物有所值。——引导客户下试订单。)

You can ask me any questions, I am very happy to serve you.

(您有任何疑问都可以问我,非常开心为您服务。——引导客户回复,建立交流。)

跟进思路小结

1. 首先分清楚客户说的价格高到底属于哪种情况,然后对症下药。

2. 我们要对自己的产品的价格有所了解,才不至于被客户牵着鼻子走。

3. 引导客户深入沟通。

案例三

客户回复已经接受了我的报价，该怎么回复？

■ 问题描述

之前给客户报了价格，然后客户回复的邮件内容如下：We have accepted your quote, for further process I will let you know what you need to do.（我们接受了你的报价，接下来我会告诉你需要做什么。）客户就只是这么简单的回复，我要怎么跟进呢？是等待客户的吩咐还是我要说些什么呢？

■ 原因分析

报价得到客户的回复是一件值得开心的事，但守株待兔不可取，等着等着，客户可能就把你忘了，或者被其他供应商吸引去了，所以我们必须主动出击。尽管客户说了他会告诉你下一步怎么做，但是也要主动与客户建立交流，引导客户互动。

■ 跟进思路

从客户言简意赅的回复中可以看出客户要么很干练，要么很忙，所以在回复客户的时候切记不要长篇大论，胡侃瞎聊。我们也要简练地回复他"没问题，我们会等待您的下一步指示，但可以告诉我们大约多久可以得到您的消息吗？"，向客户询问时间点，避免盲目被动地等待。

■ 撰写跟进内容

根据以上分析和思路，可以这样跟进：

Dear XX,

Glad to receive your reply, we will wait for your next instructions, but can you tell us approximately how long it will take to hear from you?

（很高兴收到您的回复，我们将等待您的下一步指示，但可以告诉我们大约多久可以得到您的消息吗？——直接询问客户的时间安排。）

If you have any other questions, you can also ask me at any time. I am very happy to serve you.

（若有关于其他方面的问题，您也可以随时问我，很高兴为您服务。——除了报价，客户肯定还有其他问题需要与我们进行沟通了解，所以我们要主动引导客户往下聊。）

Best wishes,

Lica Huang

跟进思路小结

1. 从客户的回复中可以看出客户的状态，例如这个案例中的客户，我们能感受到他很干练、不啰唆，那么我们的回复也要言简意赅。总而言之，我们要看客户是怎么样的，然后对应调整自己的状态。

2. 客户让等，我们也不要被动等待，而是要问出时间安排，有计划地跟进。

3. 最后一定要抛出一些互动的话题，引导客户进行更多的交流。

案例四

客户说要去看看别家的价格，这种情况怎么回答？

问题描述

一个英国客户打电话来询问价格，我便留了邮箱给他，等了一个小时，他终于把询盘发过来了。感觉客户意向很强，资料也很全面，是个不错的询盘。我跟老板咨询完价格后，做好详细的报价单发过去。过了两个小时，客户回复了邮件，表示由于订单量大，想要再去问问其他厂家，有需要再联系。我们的产品是纺织品，价格竞争很激烈。我们又是小工厂，很怕客户跑了。碰到客户这么说，该怎么跟进？

原因分析

客户货比三家是很正常的现象，所以业务员遇到这样的情况，首先不应该气馁，或妄自菲薄，认为自己的公司不好、产品没有竞争力等，因为没有任何一家公司是完美的。

我们要做的就是找到自己公司的优势，找到产品的优势，扬长避短，尽可能抓住客户。另外，我们要知道客户决定下单的前提是这家公司更能满足他的需求，所以我们要了解客户的需求是什么、我们能不能满足客户的需求、能满足哪些需求。

跟进思路

从客户的"由于订单量大，想要再去问问其他厂家"这句话中，我们可以读出两个意思：第一个是客户比较谨慎，他要对比多家供应商之后，才会选择最优的那家合作；第二个是客户可能对你的报价或者你的公司不太满意，所以需要再找其他供应商看看。但无论如何，客户是有真实需求的。所以我们要询问客户的需求情况，抓住客户的需求，和客户聊聊需求。

撰写跟进内容

根据以上分析和思路，可以这样跟进：

Well, do you think our quotation is too high or too low? What is your opinion on our quotation?

（既然如此，您认为我们的报价是偏高了还是偏低了呢？您对于我们的报价的看法是什么呢？——询问客户对我们报价的看法。）

Do you pay most attention to price or product quality, or something else? Can you tell us your considerations?

（您最注重价格还是产品质量，或者是其他的？您能告诉我们您的考虑吗？——询问客户的中心需求，然后主要解决这个中心需求。）

We are a factory that has been operating for X years. We have rich experience in exporting. We will provide you with peace of mind.

（我们是一家经营了 X 年的工厂。我们有丰富的出口经验。我们将为您提供安心的服务。——罗列一些公司优势，吸引客户的注意。）

跟进思路小结

1. 货比三家的客户比比皆是，我们应该从容应对。

2. 任何一个客户都有最中心的需求，也许是价格，也许是产品品质，也许是其他的，我们要想办法了解到这个中心需求，然后重点进攻。

3. 这个案例中的客户是有真实需求的，而且看起来比较急切。此时如果客户想要货比三家，一定是因为需求没有被满足，所以他需要看看有没有其他更好的，否则就不会再看其他家了。因此，一定要多在客户面前把自己的优势体现出来，这样才能吸引客户。

案例五

客户问是工厂还是贸易公司，该怎么回答？

问题描述

昨天刚给客户报价，客户今天就回复了，问我们是工厂还是贸易公司。我不知道该怎么回答，说是工厂的话他可能会使劲压价，说是贸易公司的话

第六章
客户回复后怎么跟进，或客户提出新问题怎么跟进？ | 75

他可能会觉得我们的价格没有优势。我们实际上是贸易公司，该怎么回答他才能提高成交率呢？

📖 原因分析

为什么客户会问你们是工厂还是贸易公司？因为人们普遍认为贸易公司的价格总是比工厂高。客户这么问，就是想预判你们的价格是偏高还是偏低。但其实这样问并没有实际意义，价格的高低并不完全取决于公司的性质。有些贸易公司和工厂有深入合作，产品价格也并不高。

📖 跟进思路

面对客户的问题，无论多刁钻、多难回答，我们都要给出正面回答。这个问题我们该怎么回答，才能让客户不会在主观层面把我们判出局？知道了客户问题之后的意图，我们可以说自己是贸易公司，并且有一个很有竞争力的工厂。

📖 撰写跟进内容

根据以上分析和思路，可以这样跟进：

We are a trading company, and we have a very competitive factory. We have X years of export experience and believe that we can provide you with satisfactory service.

（我们是贸易公司，并且我们有一个很有竞争力的工厂。我们具有 X 年的出口经验，相信我们能为您提供满意的服务。——正面回答客户的问题，同时不让自己落于劣势。）

📖 跟进思路小结

1. 首先了解客户为什么这样问，客户在想什么，他想得到什么信息。

2. 然后正面回应客户的问题,既说出自己是贸易公司,也不使自己处于劣势,同时突出一些自己的优势,吸引客户。

3. 如果客户进一步问"是你们自己的工厂还是合作的工厂",可以如实说是合作的工厂,但是合作了很多年,就像自己的工厂一样。

第七章
面对僵局,怎么办?

案例一

达不到客户的目标价格,如何跟进?

问题描述

之前给客户报过一次价,后来询问客户意向,客户给我发了另外一个供应商报给他的价格以及他的目标价格,但是我跟公司申请过,我们达不到客户的目标价格,与另外一个供应商报的价格相比高出 0.02 美元/件,请问我该如何争取拿到这个订单?

原因分析

如果客户告诉你其他供应商的价格,那就说明客户还没有下定决心在哪一家购买,所以还有机会。此时客户还在比价。

另外,需要判断客户给的供应商价格是否真实。有些客户会故意改低其他供应商的报价,造成假象,让你以为竞争对手的价格比你低很多,迫使你降价。当然,客户说的也有可能是真话,或许真的有供应商能做到这么低的价格。这就要求我们首先要对自己的产品和报价有清楚的了解,价格到底高了还是低了、产品到底值不值这个价格,我们要做到心中有数。

跟进思路

首先我们不要特别在意客户发的其他家供应商的价格,因为有可能并不是真实的,哪怕是真实的,也只是相差了 0.02 美元/件,差价很小,这时候我们不应该局限于价格,价格是影响下单的重要因素,但不是唯一因素,我们要把其他的优势或福利亮出来,多方面打动客户。

撰写跟进内容

根据以上分析和思路,可以这样跟进:

Hello XX,

We have seen other quotation you sent. For this, I have applied to the company for a low price, we can offer you 2.38USD/pcs.

(我们看到您发的其他家的报价了。对此,我已经向公司申请了一个低价格,2.38 美元/件。——先回应客户要求的低价格。)

Our company has great discounts for regular customers. Customers who have cooperated for more than 1 year will enjoy a 5% discount, more than 3 years will enjoy a 15% discount.

(我们公司对于常年合作的老客户都有很大的优惠。合作 1 年以上的客户享受 9.5 折优惠价,合作 3 年以上的客户能享受 8.5 折优惠价。——不局限于价格,说一说对老客户的优待,吸引客户。)

If you cooperate with us for more than 1 year, then the price will become 2.26USD/pcs, if more than 3 years, the price will be 2.02USD/pcs.

(如果您和我们合作 1 年以上,那么价格就会变成 2.26 美元/件,合作大于 3 年,价格就会变成 2.02 美元/件。——清楚说明福利,这样更直观。)

Hope to establish long – term cooperation with you. Please feel free to contact me if you have any questions, thank you.

（希望与您建立长期合作关系。有任何疑问请您随时联系我，谢谢。——表达合作的意愿，引导客户互动。）

Best wishes,

Lica Huang

跟进思路小结

1. 客户的比价方式是多种多样的，其中一种就是发来其他家的低报价，言外之意，就是在向你压价。

2. 要对客户发来的其他家的低价格留有质疑之心，不可全信。尤其是当你清楚知道自家的价格已经不算高的时候，那么客户发来的价格有可能是不真实的，其目的只是迫使你降价。

3. 尽管知道客户是在压价，但我们不能直接戳穿，否则等于赶走客户。我们只需要正常沟通，不纠结于价格，说一说其他方面的优势，或能够提供给客户的福利，多方面打动客户，促成交易。

案例二

客户提出很难满足的要求，怎么办？

问题描述

有一个新开发的印度客户，谈了很长一段时间，也给他寄过样品，客户准备下单，但在付款方式方面一直都谈不拢，客户要求30%定金T/T（电汇）、70%尾款DP（托收）或者是见提单复印件再付款。客户还有一个要求是每个货柜里有10箱货要免费，客户只订2个货柜，一个货柜就只装600箱，我本来报的价格就很低了，再给他免费10箱的话，就没有利润了，我该怎么跟进这样的客户？

🔲 原因分析

首先我们应该明白为什么客户压价压得这么厉害，重要原因是印度市场的消费水平较低，他们更想买到物美价很廉的产品，只有这样他们才能把产品卖出去。

但报价很低加上付款方式不好，再加上货不多还要免费送一部分，这已经突破了供应商的底线，换言之，这样的客户不值得做。

但如果我们把初始报价抬高一点，就还有得做。例如某款产品，我们能接受的底价是 2 美元，如果给正常客户报价 3 美元，那么给爱压价的客户报价可以是 3.5 美元。适当抬高报价，让压价空间更大一些，因为他们肯定会多次压价。正常客户砍价三次能接近底价，而爱压价的客户可能要压价五六次才能压到底价，这样会让他们认为已经压到不能再压了，最终以我们的底价 2 美元成交。

当然有些客户压价五六次依然不满足，会想其他方法继续"占便宜"，就如这个案例中客户要求 10 箱货免费一样。当客户要求已经超出了我们的底线时，我们可以不再答应客户的要求，给出拒绝态度。

坚守底线，成交才有意义。被我们拒绝之后，客户的心理状态是"看来他们真的是降到不能再降了，那就这样成交吧"，因此你会发现有很多爱压价的客户在被拒绝几天后，他们自己会回来要求下单。

🔲 跟进思路

经过上面的分析，对于这类爱压价的客户，我们的应对思路是：

第一阶段，"抬高报价"——适当抬高初始报价；

第二阶段，"砍价纠缠"——客户来回多次砍价、纠缠；

第三阶段，"坚守底线"——如客户提出无理要求，则坚守底线，拒绝客户，晾一晾对方；

第四阶段，"回头下单"——客户认为你的价格已经降到不能再降，于是回头要求下单，在这个阶段可能有些客户还不死心，提出其他要求，对此也应果断拒绝，拒绝之后客户也就死心了，就会安心下单了。

这种应对思路也叫"成交四段法"。在这个案例中，即便到了第三阶段，价格还有可降的空间，也要果断地拒绝客户，这是谈判策略。

撰写跟进内容

根据以上分析和思路，可以这样跟进：

Dear XX,

We are very happy that you are satisfied with our samples.

（很开心您对我们的样品感到满意。——先强调产品是符合客户的要求的。）

Regarding your payment method and the request of 10 boxes of goods for each container, I have applied to my boss, but it was rejected.

（对于您的付款方式和每个货柜赠送 10 箱货的要求，我已经向公司提出申请，但被驳回了。——委婉地拒绝客户的要求。）

My boss said we only can meet one of your requirements, because our profits have been compressed by you to no longer be able to suppress them. My boss disagrees with a loss–making business, we have done our best.

（我们只能满足您其中一个要求，因为我们的利润已经被您压缩到不能再压了。亏本的生意公司不同意，我们已经尽力了。——摆明自己的立场和底线，把压力抛回给客户。）

In fact, many of our Indian customers have done transactions at this price, and they have established long–term cooperation with us. Our products are also competitive in your market. Hope you can seriously consider and give us an answer. Looking forward to working with you, thanks.

（事实上，我们很多的印度客户都是以这个价格成交的，而且他们与我们建立了长期的合作关系。我们的产品在您的市场上也是有竞争力的，希望您能认真考虑，给我们答复。期待与您合作，感谢。——再说一说自己的优势，吸引客户，引导客户下单。）

Best wishes,

Lica Huang

📖 跟进思路小结

1. 爱压价的客户不在少数，对于此类客户，都可以采用"成交四段法"，每个步骤都能从容应对。

2. 在第二阶段，要使用"三阶段报价法"，慢慢降价。

3. 在第三阶段，拒绝客户的时候应委婉地拒绝，不能太过生硬而使得关系破裂。

4. 以一些客观事实证明价格真的已经降到不能再降了，增强说服力，让客户安心下单。

案例三

客户申请独家代理，是否该同意？

📖 问题描述

一个合作过一次的客户想做欧盟地区的独家代理，也就是对于整个欧盟地区，要求我们只将产品卖给他。我们不能如此承诺，却不知道以什么理由回复。该如何巧妙回复又不得罪客户呢？

📖 原因分析

客户为什么想做独家代理？其一，客户认为你的产品具有较大的市场且产品具有销售优势（价格低质量好或者技术先进或者独具特色等）；其二，客户想要垄断市场，减少竞争者。

客户做一个地区的独家代理，对我们意味着什么？意味着除了这个客户之外，这个地区的其他客户，哪怕是比现在这个客户更有实力的进口商，我们都不能与之合作，我们可能会失去更多的订单和机会。

所以面对客户申请独家代理的要求，我们应理智对待，应给客户设置申请门槛。通常情况下，我们会对申请独家代理的客户设置"四条件"。

1. 区域限制：客户只能代理某个国家或某个地区，不能是多个国家、多个地区。

2. 时间限制：代理期以一年或三年为限，若客户的表现不佳，可以选择到期终止合同，把机会给到其他客户。

3. 订单要求：申请独家代理的客户必须在规定时间内达到约定订单量，若客户达不到约定订单量，则可以终止合同。

4. 其他条件：提出对于产品维护的其他要求。

另外，我们要对申请独家代理的客户做背景调查，做到"五了解"。

1. 利用海关数据查看客户每年的采购量或采购金额，若查不到相关数据，说明这个客户可能实力一般，则不应该纳入考虑范围。

2. 了解客户的市场情况如何，比如客户主要是在所在地当地供应还是在周边国家和地区都有供应。

3. 了解客户的营销方式是怎样的，比如客户是在网络上销售还是实体店销售、有多少家店铺等。

4. 了解客户有没有同时代理其他家产品，是不是在同时推广多个品牌。

5. 了解客户的信誉情况。做独家代理的客户通常都会要求价格和付款方式上的优待，但这样做的风险很高，所以调查掌握客户的信誉尤为重要。

我们至少要对客户有了七八分的了解，才敢考虑客户独家代理的申请。通常我们只会同意合作过多次或合作过多年的客户提出的独家代理申请。

若同意了客户的独家代理申请，我们一般会为客户提供"五支持"，具体可视情况而定。

1. 价格方面的支持：客户会要求代理价，即客户所期望的低价格，或者比其他客户更低的价格，这方面我们要尽量支持。

2. 产品方面的支持：为了迎合其代理的市场，客户可能会要求微调产品的外观或者性能，我们要满足客户在产品方面的需求。

3. 付款方面的支持：原本的付款方式可能是30%定金、70%发货前付清尾款，若签约了独家代理，客户可能会要求10%定金、90%信用证。根据公司的收款规定及资金条件，我们尽量给予客户付款方面的支持。

4. 售后方面的支持：最简单的售后支持就是提供必要的产品配件备品，如果产品到港后刚开始推广就遇到质量问题，工厂应该协助解决，可能还要返厂维修等。

5. 其他附加服务：比如免费给客户设计宣传海报、产品展示台等。

把以上这些点总结成一句话就是："四五五常记心里，客户代理没问题。"遇到申请独家代理的客户，可以用"四条件""五了解""五支持"来应对。

这个案例中的客户，只合作过一次，而且要求的代理区域很大，是整个欧盟地区。目前，欧盟共有27个成员国，如此庞大的代理区域已经不满足"四条件"中的第一条——区域限制，通常我们只允许一个客户代理一个国家或地区，然而客户要求包揽27个国家，这并不现实。

跟进思路

对于申请独家代理的客户，我们首先要抛出"四条件"，让客户知晓我们的要求，也让没有实力的客户知难而退，进而筛选出优质的客户来做代理。

对于客户申请欧盟独家代理的要求，我们的跟进思路应该是：委婉地拒绝客户，同时提出我们的条件，询问客户能否做到，如果能做到，则非常欢迎其成为代理。

撰写跟进内容

根据以上分析和思路，可以这样跟进：

Dear XX,

We have received your request. What we need to confirm with you is: The entire EU region contains 27 countries. Do you want to apply to be an agent in these 27 countries?

（我们已经收到您的需求。需要与您确认的是：整个欧盟地区包含 27 个国家，您是要申请成为这 27 个国家的代理吗？——自然衔接话题，为后面的拒绝做铺垫。）

If so, this is contrary to our application conditions for exclusive agency clients. We only accept one client to apply for agency in one country or region.

（如果是的话，这有悖于我们对于独家代理客户的申请条件，我们只接受一个客户申请成为一个国家或地区的代理。——表示拒绝。）

The following are the main conditions of our company for clients applying for agency, please refer to:

（以下是我们公司对于申请成为代理的客户的主要条件，请您查阅：——告诉客户我们的申请条件是什么。）

1. Regional restrictions: customers can only be in a certain country or region, and cannot be in multiple countries or regions;

（1. 区域限制：客户只能代理某个国家或地区，不能是多个国家或地区；）

2. Time limit: There is a time limit for one year, three years, etc, if the customer's performance is not good, the contract may be terminated;

（2. 时间限制：代理期有时间限制，比如一年为限、三年为限等，若客户的表现不佳，合同将可能终止；）

3. Order requirements: Customers applying for agency must reach a certain order quantity in one year, if the customer fails to reach the agreed order quantity more than several times, the contract may also be terminated.

（3. 订单要求：申请成为代理的客户一年要达到一定的订单量，若客户达不到约定订单量几次以上，合同也可能终止。）

If you meet the agency conditions, we are very happy to establish agency cooperation with you.

（如果您满足代理条件，我们非常乐意与您建立代理合作关系。——一句客套话，降低客户被拒绝的不悦感。）

Become our agent, we can give you the following support：

（成为我们的代理，我们能给您以下支持：——告知客户我们能给予什么支持，让客户感到我们有在重视他。）

Give you a price lower than that of non – agent customers；

（给您比非代理客户更低的价格；）

For your order, we can accept 20% deposit and 80% L/C；

（对于您的订单，我们可以接受20%定金、80%信用证；）

We will provide you with 200 accessories and 20 spare parts for free each month.

（每个月向您免费提供200个配件和20个备件。）

Looking forward to in – depth communication with you, you can ask me any questions, thank you.

（期待与您进行深入的沟通，您有任何疑问都可以随时问我，谢谢。——引导客户交流互动。）

Best wishes,

Lica Huang

跟进思路小结

1. 对于有意向申请独家代理的客户，我们首先要抛出"四条件"，若客户说这些条件都能满足，为了进一步确认客户的资源，我们还需要做到"五了解"，随后询问客户需要哪些支持，或主动提出"五支持"，沟通之后，如果都没有问题，就可以签约独家代理。

2. 对于客户提出的难以满足的代理要求，要勇于拒绝，同时注意言辞，避免与客户产生冲突。

案例四

工厂拖延交期，该怎么向客户解释？

■ 问题描述

客户订购了 5 万个货品，报给客户的交期是 2 个月，现在距离约定的交期还有一周时间，工厂却跟我说要推迟 15～20 天，原因是设备坏了，售后重新调机器，中间停工了十几天。我知道这其实是个借口，主要是工厂生产不出来，因为数量比较大，工人又不够。我实在不知道怎么跟客户解释，毕竟不是三五天的事，我该怎么做？

■ 原因分析

交期延误是外贸业务的一大痛点，是很多外贸人都会遇到的问题。处理得好，客户还在，订单还在；处理不好，订单丢失，不仅要赔偿，可能还会惹上官司。

首先，我们在报交期时就要尽量减少交期延误发生的可能性，具体怎么做呢？

如果你的工厂经常拖延交期，那么你要总结它的规律，并且适当地加长期限报给客户。例如工厂说的交期是 30 天，但实际出货需要 35 天，那么我们报给客户的交期就是 37～40 天；如果工厂说的交期是 60 天，但实际出货需要 75 天，那么我们报给客户的交期就是 80～85 天。

总之，我们报给客户的交期大约是工厂交期的三分之四，即工厂报 30 天，我们报给客户 40 天左右，多出的 10 天就是应对工厂交期延迟的问题。这种报交期的方式称为"三分之四报交期法"。

是不是交期报得越长越好？答案是否定的，倘若按工厂交期的三分之五来报，时间过长，多数客户接受不了。

其次，若确实发生了交期延误，我们要掌握一些说辞用于安抚客户，让订单顺利进行。有哪些说辞是能让客户接受的呢？

1. 货已经做好了，但质量方面存在一些问题，为了确保发给您的货物没有问题，我们需要花时间检查和重做。

2. 受到恶劣天气或意外情况的影响，如暴雨、台风、洪水、地震等，工厂为了工人的安全停工一周，导致交货时间往后推移。

3. 恰好碰到当地卫生安全检查，为此工厂停工三天以备检查，顺利通过检查也是为了更好地生产，更好地服务客户。

4. 突然遇到电路维修，工厂停电，所以耽误了几天。

5. 为了提高生产速度，工厂更换了一批新机器，但还需要几天去调试和适应，所以影响了进度。

说辞应尽量往不可抗力、突发事件上靠，而不能说是因为工厂能力不足或因为交期估算错误，这么说客户听后会火冒三丈，容易把订单谈崩。对于不可抗力事件，人的宽容度是很高的，客户也比较容易接受。但所有的说辞都应该是可信的。如果你说发生了火灾，交期延误5天，这就不可信了，火灾后要在5天之内恢复原样、完成生产是不太可能的。不足以让客户相信的说辞只会适得其反。

跟进思路

如果已经确定交期延迟，要准备好说辞，让客户接受交期延迟的情况。同时告知客户需要延迟多少天，询问客户是否可以接受，因为有些客户订购的是季节性产品，错过了这个季节，可能一个产品也卖不出去。

若客户无法接受延迟这么久，我们要与客户商量是不是可以完成部分生产先发货，或者是找外援工厂一起完成生产。

一切的决定与变动都需要与客户沟通，经过客户同意之后才可以行动。为什么？因为这些决定和变动有可能会带来新的问题，而这些问题并不是我们单方面能够解决的。

在这个案例中，延期 15~20 天，时间比较长，所以我们想的说辞需要让客户相信真的是一些客观原因造成了这么长时间的拖延。同时，如果能给客户一些安抚更好，例如给客户降价、额外赠送货品等作为补偿。

撰写跟进内容

根据以上分析和思路，可以这样跟进：

Dear XX,

There is still about a week to the agreed delivery time, but I regret to tell you that because the factory's machine is broken, we need to buy a new machine. The machine production factory takes 20 days to hand it to us. Although your order is nearing the end, it has been greatly affected. Therefore, it is estimated that your order will take 25 days to be delivered, but we will do everything possible to complete the production as soon as possible.

（距离约定的交货时间还有大约一周，但很遗憾地告诉您，由于工厂的机器坏了，需要购买新机器。机器的生产工厂需要 20 天的时间才能把机器交给我们。您的订单虽然已经接近尾声，但还是受到了很大的影响。综合以上这些因素，您的订单预计还需要 25 天才能交货，但我们会想尽一切办法尽快完成生产。——找一个可信的说辞说服客户，并按"三分之四报交期法"把新的交期说长一点，避免再次出现拖延。）

We are very sorry for this, and to express our apologies, we will give you 1000 free products as compensation. Hope you can understand us, thank you very much.

（对此我们感到非常抱歉，为了表达歉意，我们将赠送 1000 个货品作为对您的补偿。希望您能谅解，非常感谢。——适当给客户一些安抚，稳住客户，请求客户的谅解。）

Best wishes,

Lica Huang

跟进思路小结

1. 如果工厂经常延误交期，我们在给客户报交期的时候就应该采用"三分之四报交期法"，这样报出的交期更稳妥，且容易被客户接受。

2. 如果确实出现交期延迟的情况，我们应结合客户的情况和当时的情境找到恰当的说辞，给予客户一个解释并致歉。

3. 如果能给予一些安抚措施，会更有利于订单的继续。

4. 如果客户实在接受不了交期延迟那么长时间，要与客户商量对策，有任何想法和打算都需要与客户沟通、确认之后才可以执行。

案例五

客户的订单达不到最小起订量，该怎么跟进？

问题描述

我们公司是做镀锌板的，8月有一个客户来看厂，一番招待后，客户带着样品回去了。过了一个月客户才回复说要订货，只要25吨，而我们的最小起订量是50吨。我向客户解释说量太少不好生产，他表示只要25吨，可以就做，不可以就算了。和领导商量过，不接受25吨，因为剩下的会成为库存。这种客户该怎么办，我怎么跟进呢？

原因分析

客户的订单量达不到工厂的最小起订量，一般可以分为两种情况：第一种情况，客户实力一般，购买不了那么多；第二种情况，客户实力足够，但担心第一次合作有什么闪失，所以不敢大数量订货。

至于客户属于哪种情况，我们需要做背景调查，看看客户的实力到底如何。如果是第一种情况，客户实力不够，支撑不起他的购买量，同时工厂也没办法配合的话，可以考虑放弃。如果是第二种情况，客户有足够实力，只是担心合作问题，可以考虑第一次合作同意 25 吨，当作试订单来做，做好了，客户有实力返单，问题就不大。

跟进思路

不管客户属于哪种情况，都可以尝试下面的跟进方案。

第一种方案：同意 25 吨，但适当抬高价格，当作试订单来做。

第二种方案：同意 25 吨，不提高价格，按 50 吨生产，但要求客户下一次订单最少要订购 75 吨（需确定客户有返单实力）。

第三种方案：不同意 25 吨，尽力沟通提高订单量，例如 35 吨、40 吨。

第四种方案：不同意 25 吨，坚持 50 吨，和客户明确说明，看客户怎么选择。

无论选择哪种方案，都需要和公司商量，有了公司的支持才可以找客户商量，先后顺序不要搞反。常常有业务员忘记和公司沟通，自作主张找客户商量，商量出结果了却不被公司支持，努力便白费了。

综合公司的意见和对客户的了解，选择一个最适合的方案与客户沟通，能成交则成交，不能成交也就不再纠缠，不浪费时间。

撰写跟进内容

1. 根据第一种方案，可以这样跟进：

Hello XX,

Regarding your request, I applied to my superiors, who did not agree at first, because our MOQ is 50 tons, which is the same for any customer.

（对于您的诉求，我向上级申请，上级一开始并不同意，因为我们的最小起订量是 50 吨，对任何客户都一样。——先说明我们的规则。）

But I told the superior that you will become our long-term customer, so the superior finally agreed to accept your order of 25 tons this time as a trial order, and the next order will be produced at 50 tons.

（但我跟上级说您会成为我们的长期客户，于是上级最终同意接受这一次您订购 25 吨作为试订单，下一次订单再按 50 吨生产。——说明我们为客户破例是因为重视他，但只破例这一次。）

Since you only order 25 tons, our production cost will be amortized, which will be a little higher than the unit price of 50 tons of products, which is XX USD/ton.

（由于您只订购 25 吨，因此我们的生产成本分摊下来，会比生产 50 吨产品的单价高一点，是 XX 美元/吨。——找一个恰当的理由提高价格。）

If you have no problems, we will proceed according to this plan and look forward to our first happy cooperation.

（如果您没有问题的话，我们将按这个方案进行，期待我们第一次愉快的合作。——引导客户成交。）

Best wishes,

Lica Huang

2. 根据第二种方案，可以这样跟进：

Hello XX,

In response to your request, I communicated with my superiors, and we can accept your order of 25 tons this time as a trial order. For factories, the cost of small-quantity production is relatively high. Usually, we should increase the price to you.

（对于您的诉求，我与上级进行了沟通，我们可以接受您这一次订购 25 吨作为试订单。对于工厂而言，小数量生产的成本偏高。按正常的情况，我们应该向您加价。——说明我们的规则，以及为达成交易所做的努力。）

But because you are a strong customer, we also hope to cooperate with you for a long time, so we plan to produce 50 tons at this time, half of which will be shipped to you, and half will be shipped together with your next order, and future orders will be MOQ 50 tons. That is, for the next order, you need to order at least 75 tons.

（但因为您是有实力的客户，我们也希望能和您长期合作，因此我们打算这次一次性生产50吨，一半发货给您，一半等您下次订单一起发货，并且以后的订单按最小起订量50吨来生产。也就是下次订单，您需要订购最少75吨。——我们做出让步，但是也把规则说清楚。）

If you agree, we will deal. If you have other ideas, you are welcome to communicate, thank you.

（如果您同意，我们就成交。如果您有其他想法，也欢迎沟通，谢谢。——引导客户成交或进一步沟通。）

Best wishes,

Lica Huang

3. 根据第三种方案，可以这样跟进：

Dear XX,

Based on your request, I communicated with my boss, and the boss disagrees with 25 tons, because the production cost of 25 tons is very high and it is very uneconomical. If the higher cost is imposed on you, it would not be appropriate.

（基于您的诉求，我与老板进行了沟通，老板不同意25吨，因为25吨的生产成本很高，是非常不划算的。如果把高出的成本强加到您的身上，也不妥。——从客户利益的角度合理地拒绝客户的要求。）

After careful consideration, we hope that you can increase the order volume, we can accept 35~40 tons without increasing the price.

（经过慎重的考虑，我们希望您可以提高订单量，我们可以接受35~40吨，同时不加价。——提出折中的方案。）

This is better for you and us. What are your thoughts on this? Welcome to communicate, thank you.

（这对您和对我们都是比较好的。对此您的想法是什么呢？欢迎交流，谢谢。——引导客户同意或进一步沟通。)

Best wishes,
Lica Huang

4. 根据第四种方案，可以这样跟进：

Dear XX,

Based on your request, I communicated with my boss. The boss disagrees with 25 tons, because the production cost of 25 tons is very high and it is very uneconomical. Therefore, our MOQ is 50 tons, which is the same for any customer.

(基于您的诉求，我与老板进行了沟通，老板不同意25吨，因为25吨的生产成本很高，是非常不划算的。所以我们的最小起订量是50吨，对任何客户都是一样的。——明确说明我们的规则不会改变。)

We have an Italian customer just like you, who was struggling with the order volume at first, but after the trial sale, we found that the sales volume was very good, now each order is 200 tons.

(我们有一个意大利客户和您一样，一开始很纠结订单量，但试卖之后发现销量很好，现在每次订单都是200吨。——列举一个相似案例，以此来打动客户，给客户信心。)

Please believe in the quality of our products and your strength, and these products can be sold for a long time, you will surely sell out.

(请您相信我们产品的品质，也相信您的实力，而且这些产品可以长期销售，您一定会卖完的。——再给客户一些信心。)

Looking forward to our cooperation, thank you.

(期待我们的合作，谢谢。——引导客户同意合作。)

Best wishes,
Lica Huang

📖 跟进思路小结

1. 打破僵局的最好办法就是找到一个折中的方法，双方都为此让步，而不是只有一方让步。

2. 客户的订单达不到工厂的最小起订量，这样的情况非常多，为了更准确地把握客户，还需要对客户进行背景调查，根据客户的情况选择一个合适的方案进行沟通，这样效率才最高。

第八章
做货之前的付款问题

案例一

我要求付全款，客户要求货到付款，怎么解决？

■ 问题描述

收到询盘，我为客户提供了优惠的报价，并表示可以马上发货，产品质量也可以保证，但要求客户必须先付款。而客户说他能保证货款及时到账，但一定要见到货后才付款。这个僵局怎么打破呢？

■ 原因分析

在外贸交易中，买卖双方各自为战，为了自己的利益考虑，这没有错。但如果出现双方谈不拢的情况，那么必然有人需要让步，要么一方让步，要么双方各让一步。付全款和货到付款属于两个极端，不如和客户商量，先付30%～50%定金，尾款在发货前电汇或者使用信用证。

另外，客户担心收到的货不好，可以先发送样品给客户查看，另外把公司的资质、证书、实况展示给客户，让客户放心。甚至可以在合同中加上让客户放心的售后服务条款，例如收到货后三个月内，若有任何质量问题可以免费补货等。

▣ 跟进思路

买卖双方的考虑都是合理的，但是如果想要达成合作，则任何一方都不能坚持自己的极端要求，双方都需要做出一定程度的让步，才有可能达成合作。

为了表达我们与客户合作的诚意，可以先提出一个我们愿意接受的折中的付款方式。同时收集一些能够证明公司实力的材料发送给客户，并安排寄样。

▣ 撰写跟进内容

根据以上分析和思路，可以这样跟进：

Dear XX,

We sincerely want to cooperate with you. Regarding the payment method, after our serious consideration, we can accept a 50% deposit, and the 50% balance will be paid before shipment. What do you think?

（我们非常诚心地想要与您合作。关于付款方式，经过我们认真的考虑，我们可以接受50%定金、50%尾款在发货前付清。您觉得如何？——表明我们的态度并提出可以接受的付款方案。）

We have been exporting this product for X years, and the product quality and service are mature. You will feel relieved to cooperate with us.

（我们出口这款产品已经X年了，产品质量和服务都已经成熟。您和我们合作，会很放心。——告诉客户，和我们合作有什么好处。）

The attachment is the introduction material of our company, you will know more about us, and welcome to China visit us.

（附件是我们公司的介绍资料，您可以了解我们的更多信息，也欢迎您来中国实地考察。——提供资料证明我们是可信任的。）

In addition, if you are willing, we will send you samples for check, so that you can directly see the quality of the product, and you will be more assured.

（另外，如果您愿意，我们将寄样品给您查看，这样您能直接看到产品的品质如何，将更加放心。——提出寄样，也是为了让客户放心。）

Any questions, please feel free to contact, thank you.

（如有任何问题，请随时联系，谢谢。——日常寒暄。）

Best wishes,

Lica Huang

跟进思路小结

1. 遇到双方僵持的情况，作为卖家，要首先表态，选择一个自己可以接受的方式与客户协商。

2. 同时，要把自己的优势展示出来，让客户看到，打动客户，并且转移客户的注意力。

3. 必要的时候，免费给客户寄样品，证明产品的品质，增进双方之间的信任。

案例二

老客户一直不付款，怎么办？

问题描述

有一个老客户，之前下订单、付款都很爽快，直到上个月客户要下一个新单子，让我安排生产，但是预付款一直没有付，之前都是下单后立马付款给水单的。我们都是款到才安排生产的，但是这次水单没看到，钱也没到。客户一直说让我放心，说很快就会付款，但到现在一个多月了，其间我给客户降过价格，还给客户准备了一些小礼物，客户确实很开心，但一直找理由拖付款，比如正在建新厂或者老板不在等，我该怎么办？

📖 原因分析

之前一直合作很顺利的客户突然不及时付款，存在两种可能：第一种是客户确实遇到了困难，资金周转不开，没办法及时付款；第二种是客户有意骗单，借着合作过几次的信任，骗取供应商最后一批货。第一种可能性更高一些，但老客户也并不是100%值得信任的，所以无论什么原因，我们的收款原则不能动摇。

📖 跟进思路

这个案例中的客户说他们正在建新厂，所以付款延迟，既然客户说他遇到了困难，那么主动帮助客户解决问题就是向前推进的关键。如何帮客户解决问题呢？首先我们要知道客户遇到了什么问题、需要我们提供什么帮助，另外留一个心眼防止第二种可能，即防止被客户骗货。只要不在未收到货款的时候发货，客户就没有办法骗货。如果产品是定制品，就必须等到货款到账才能生产。当然，在此期间，我们还可以想一些折中的方法来推进订单，例如降低预付款比例，从30%降到10%；或改变交易方式，本来是电汇，现在改成信用证方式。

📖 撰写跟进内容

根据以上分析和思路，可以这样跟进：

Dear XX,

It has been a month since you said you want to place an order, and we still haven't received your payment.

（从您说要下订单到今天已经一个月了，我们依然没有收到您的付款。——提醒客户还没有付款，变相催单，也引出下面的提问。）

Is it because of the establishment of a new factory that your company's capital turnover is difficult? Or for other reasons, can you tell us? We would like to help you if we can.

（是不是因为建立新厂，贵公司的资金周转有困难呢？还是因为其他原因？可以告诉我们吗？我们乐意帮助您，只要我们可以。——询问不付款的原因，顺便表态自己愿意提供帮助，引导客户交流。）

You are our loyal customer, We hope to continue cooperating with you.

（您是我们的老客户，非常希望能和您继续合作。——拉进关系，引导客户交流。）

Best wishes,

Lica Huang

如果客户回复说"我们目前资金周转困难，你们先安排生产，之后我们再付款"，这种情况下，可以这样跟进：

Dear XX,

We are very glad that you can tell us the reason for the difficulty of capital turnover. But I am afraid it is difficult for us to help you, because we have a lot of orders recently and need a lot of funds to proceed.

（很高兴您能告诉我们资金周转困难的原因。但恐怕我们难以帮助到您，因为我们最近订单很多，也需要很多资金才能进行。——委婉地拒绝客户的要求。）

Since you are our regular customer, if you are in a hurry to order the goods, we can accept you to pay a 10% deposit first. After receiving the deposit, we will arrange the production first, and the remaining 90% of the payment will be paid before delivery. When our production is completed, you should already have the ability to pay the balance, do you think this is okay?

（鉴于您是我们的老客户，如果您着急要货，我们可以接受您先付10%的定金。收到定金后我们先安排生产，其余90%的货款在发货前付清。等到我们生产完成，您应该已经具备付尾款的能力，您觉得这样可以吗？——提出解决方案，推进订单向前发展。）

Please communicate with us if you have any questions, and we will try our best to support you.

（任何问题您都可以与我们沟通，我们会尽力支持您。——引导客户交流。）

Best wishes,

Lica Huang

📕 跟进思路小结

1. 合作一直很顺利的客户，如果突然付款不及时，大概是因为他们的资金周转遇到困难，对此我们可以为其提供一些便利的付款条件。

2. 若客户未付定金，却一味要求先生产、先发货，一定要坚守底线，不收到货款坚决不生产、不发货。

3. 我们愿意相信客户都是善良的，所以无论遇到何种情况，我们都应该秉承服务的宗旨，站在客户的角度思考问题、解决问题。

案例三

合同已签，但客户一直没付款，怎么跟进？

📕 问题描述

有个客户我跟进了一个多月，上周我们签了合同，谈好了交货期，客户也表示这周会把货款打过来。但是今天都周四了，还没有收到货款，我给客户发了邮件询问情况，客户说他刚出差回来，还没来得及打款，然后又提出交货期要提前，我回复无法实现，然后我们就这样僵持着，我不知道该怎么办。

📕 原因分析

合同已签，细节也谈过，但是客户迟迟不付款，通常有两种可能：第一种是客户签了合同之后，发现还有问题没有解决或者还有需求没有被满足，所以不想付款；第二种是客户并不着急下单，所以就拖着。

对于第一种情况，我们需要知道客户遇到了什么问题，或者还有什么需求，我们要帮助客户去解决和处理。

对于第二种情况，要么我们能让客户着急起来，要么就需要等待客户的消息。通常情况下，我们都会主动出击，把我们能做的都先做了，想办法让客户着急起来。这个过程也就是我们常说的催单。

催单的理由可以是哪些呢？

1. 合同上的报价期限将至，错过就要重新报价，可能会涨价。

2. 仓库的库存不足，如果不尽快付款的话，货物将先出给其他客户，您的订单将要等待比较长的时间。

3. 几天后原材料价格将要上涨，我们已经收到原材料供应商的涨价通知。

4. 仓库的零件数量不足，虽然我们已经在采购，但是晚下单的客户，交货期都要推迟 10 天左右，如果您需要尽快收到货，请抓紧时间付款。

5. 我们公司的一个大客户预计会在本月 20 日下单，大约 6 个柜的数量，如果他下单，那么在他后面的订单都要等很久了，所以您最好能在本月 20 日之前付款。

6. 我查看了最近的船期是 10 月 9 日，如果您想在 11 月 15 日收到货的话，现在就要付款，这样才能赶上 10 月 9 日的那班船。

催单的时候要注意两点：第一点，要从客户的利益角度出发；第二点，催单的次数不能太多，时间间隔不能太短，否则容易引起客户的反感。如果经过三次左右的催促，客户还是无动于衷，说明客户是真的不着急，那么需要放慢跟进速度。

跟进思路

客户签了合同但迟迟不付款，又提出要缩短交期，尽管做不到，我们也不能直接拒绝，这样会使得关系变僵，甚至破裂。

一定要注意，做不到的要求也不要直接拒绝，拒绝要委婉且留有余地，或在拒绝的同时提出其他的解决方案。

📖 撰写跟进内容

根据以上分析和思路，可以这样跟进：

Dear XX,

Today I confirmed the new delivery date you mentioned with the factory again. The factory said it is difficult to achieve, but will try to cooperate.

（今天我就您提出的新交期再一次和工厂确认了。工厂说很难做到，但是会尽量配合。——再次主动提起交期的问题，打破沉默的局面。）

In order for you to receive the goods early, you need to do payment as soon as possible so that we can arrange your order to start production.

（为了您可以早点收到货，需要您尽快付款，这样我们好安排您的订单开始生产。——从客户的利益角度催单。）

In addition, we will try our best to speed up the production, and strive to deliver the goods to you in a shorter time than the appointed delivery time.

（另外，我们会尽量加快生产，争取在比约定的交期更短的时间内给您交货。——再次给客户承诺，让客户放心。）

If you have any other requirements, please let us know as soon as possible, thanks.

（若您还有其他要求，请尽快告知我们，感谢。——引导客户交流，如果还有其他要求可以一并提出，提高沟通效率，推进订单。）

Best wishes,
Lica Huang

📖 跟进思路小结

1. 看似什么都谈妥了的客户迟迟不付款，一定是有原因的，要么存在还没有被满足的需求，要么就是还不急于这时。无论如何，我们要主动出击，有问题则解决问题，如果客户不急，我们就催一催。

2. 切记不要直接拒绝客户的要求，始终保持良好的服务态度，才能拉近与客户的关系。

3. 对于实在无法满足的要求，我们应该委婉地表达实现起来有难度，但是会尽量配合，或者提出其他解决方案。

案例四

客户确认了订单，但是一直不付款，还在不停地问新产品，怎么办？

问题描述

客户确认了形式发票但是一直不付款，说等待他的老板下命令，但是这个客户在昨天给我了货代的联系方式，还说了付款的事情，我联系了他的货代，结果货代告诉我客户还在采购其他产品。我以交期为理由催客户付款，但是客户又说第一次合作要有耐心，然后又问了其他产品……问价格又不下单，问得我们老板都不耐烦了，也不知道客户到底想要什么，总货值也就2000美元，但都谈到这里了，我又不想放弃，后续该怎么跟进？

原因分析

客户确认了形式发票但是不付款，还一直在问新的产品，只能说明客户还没有最终确定订单。根据这些表现，我们大致可以判定客户公司是一个比较小型的卖多种产品的公司，他们需要的产品种类多，但每种产品的数量不会很多，有可能同时从不同的供应商那里采购不同的产品。这类客户一般是在当地开杂货店、小型批发店或者开网店的，他们认为什么产品好卖就会采购什么产品，没有固定的方向和数量，因此也没有固定的供应商。

正因为他们的采购需求经常变化，所以他们会找供货商当地的货代或代理人帮助寻找供货商。想要拿下这类客户，需要有耐心，需要给他们时间去挑选产品。同时，需要和客户的代理走得近一些，获得关于客户的更多信息，也就更容易搞定订单。

跟进思路

依据客户的表现，我们大致猜测客户是小型的杂货商，但若能做一下客户背景分析会更好，掌握更多信息，更容易找到切入点。如果确定客户是小型的杂货商，也就能理解客户为什么不着急，他还在看其他商品，若看到更好的、他更有兴趣的商品，可能前面的形式发票也都不作数，或者让你重新做。因此对于这类客户，确认了形式发票并不能说明他准备下单了。

我们应该如何高效地跟进这类客户呢？首先了解客户的所有需求，看看我们有没有能满足他要求的产品，一次性沟通，而不是沟通完一种产品再接着沟通另一种，这样不仅浪费时间，而且耐心也会被消磨殆尽。

与客户交流的同时，应与客户的代理保持积极的联系，很多时候代理掌握着客户的大多数订单信息，甚至他的想法和建议会直接影响客户的决定。

对于这个案例中的客户，我们可以询问货代，客户需要哪些产品，看看我们能不能提供。也可以询问货代，客户最在意的是什么、客户喜欢什么样的产品、客户经常采购什么产品、都是通过什么方式出货的等，掌握的信息越多，越容易把握客户。

另外，针对客户一直在找产品的情况，我们应该主动给客户提供更多选择。

撰写跟进内容

根据以上分析和思路，可以这样跟进：

Are you still looking for other products? Can you tell us what kind of product you are looking for? Or what kind of product are you interested in? We can recommend suitable products to you according to your needs.

（您是不是还在寻找其他的产品？您能告诉我们您在找什么样的产品吗？或者您对什么样的产品感兴趣？我们可以根据您的需求向您推荐合适的商品。——询问客户的需求，以便精准推荐。）

I will make a quotation once and send it to you for your reference, so that you don't have to ask the price one by one, which greatly saves your time.

（我会一次做好报价，发给您参考，这样您就不用一个个地问价格了，大大节约您的时间。——从节约客户时间的角度，引导客户告知产品需求。）

跟进思路小结

1. 对于杂货商类型的客户，我们要有耐心，允许他们长时间地挑选产品和问价。

2. 对于我们能做的产品，尽量一次性整理好相关信息发给客户，节约双方的时间。

3. 在不明确客户的需求时，要主动询问客户，或从代理那里获得更多信息。

案例五

客户说付全款马上生产，但交期不能满足，怎么办？

问题描述

我们的付款方式是30%定金、70%余款在货物生产完成后收齐，交货期一个月，从收到定金开始算。现在客户说100%电汇付款，要求我们立刻安排生产，而不是等收到款再生产，并要求在本月底之前交货。可是交货期太赶了，有些原材料的供应商供应不过来，怎么办？因为是第一次合作，我们还是要等款到了才安排生产的，可是如果这样说，会不会有点把客户往外推的意思？等款到还需要几天时间，那时再安排生产，本月底不一定可以保证出货，怎么回复客户才好呢？

📖 原因分析

30%定金、70%余款发货前付清，这样的付款方式对于买卖双方都是公平的。如果客户主动提出要在生产前付清100%货款，要求立刻生产，这样着急的客户，要么是真的有很急的订单，要么就是骗子。

为了排除客户是骗子这种可能，我们需要做客户背景调查，通过客户的网站、谷歌地图、海关数据等多方面了解客户的真实性。如果确认客户是真实的，那么对于急单，可以在收到水单后开始准备生产，出水单到货款进账这中间有几天时间，因此可以提前安排生产。如果确认不了客户的真实性，就必须等货款到账才能安排生产。

📖 跟进思路

如果确认客户是真实的买家，可以跟客户说收到汇款水单就开始生产，并要求客户尽快汇款，提供银行水单。关于交期，可以跟客户说会尽力争取在月底完成生产，但是避免不了意外情况，所以不一定能在月底交货。把情况说明，让客户自己定夺。

如果确认不了客户是否真实，必须等货款到账才能安排生产，这个情况也需要向客户明确说明，同时要求客户尽快汇款，争取时间。另外要询问客户，如果赶不上月底交货，是不是可以分批发货等，这些问题需要与客户确认清楚。

📖 撰写跟进内容

1. 如果确认客户是真实的，可以这样跟进：

Dear XX,

For customers who cooperate for the first time, we just start to arrange production after receiving the payment, but considering your order is very anxious, I discussed with the company and we can start arranging production after receiving your bank remittance slip, so please do payment as soon as possible and provide bank slips, which can save time.

（对于第一次合作的客户，我们都是收到货款才开始安排生产，但是考虑到您的订单非常着急，我与公司商量，收到您的银行汇款水单就可以开始安排生产，所以请您尽快汇款并提供银行水单，这样可以节省时间。——告知客户收到水单就安排生产。）

We will try our best to deliver at the end of the month, but there may be unexpected situations, so we cannot guarantee that the delivery will be at the end of the month, because this time is very tight, we can only do our best, please be aware.

（我们会尽力在月底交货，但也可能会出现意外情况，所以我们不能担保一定能在月底交货，因为这个时间非常紧，我们只能尽力而为，请您知晓。——告诉客户交期不能保证，让客户心里有数，避免以后带来麻烦。）

If you have no questions about this, please provide the bank slip as soon as possible, thank you.

（如果您对此没有疑问，请您尽快提供水单，谢谢。——引导客户尽快决定并安排付款。）

Best wishes,

Lica Huang

2. 如果无法确认客户的真实性，可以这样跟进：

Dear XX,

For customers who cooperate for the first time, we only start to arrange production after receiving the payment. This is the same for any customer, so please remit as soon as possible.

（对于第一次合作的客户，我们都是收到货款才开始安排生产。对任何客户都是一样的，所以请您尽快汇款。——明确告知客户我们的原则。）

After we receive the payment, we will try our best to produce it for you, but it takes about 5~7 days from the time you send the payment to when we receive the payment. The time is very tight, so it is difficult to deliver the goods at the end of the month.

（我们收到货款后会尽力赶工为您生产，但从您汇款到我们收到货款，大概需要5~7天的时间。时间很紧张，所以月底很难交货。——把情况说清楚，让客户心里有数。）

If all the production is not completed at the end of the month, can you accept partial shipments? Or if you have other ideas, please let us know, we are very happy to serve you.

（如果月底没有完成全部生产，您是否可以接受分批发货？或者您有其他的想法，欢迎告诉我们，我们非常乐意为您服务。——询问如果没有完成生产客户打算怎么办，引导客户沟通，一起想办法。）

Best wishes,
Lica Huang

跟进思路小结

1. 对于急单客户，一定要把现下的规则，以及可能会遇到的情况先和客户说明，让客户心里有数，并引导客户与我们沟通他的想法，这样我们才好把握客户。

2. 越是紧急、两难的情况越要与客户明确说明，让客户做出最终的决定，这样能避免很多麻烦。

第九章
做货之后的付款或追款问题

案例一

FOB条款下，货做好了，客户不付款怎么办？

问题描述

和客户谈好了一个单子，但由于当时大意，也因为之前有过合作，所以没有想很多，未收定金就安排生产，现在生产完成了，客户却迟迟不付款，而且当时是按FOB价格谈的，现在客户出尔反尔，不肯出海运费，说之前谈的价格如果包含海运费就马上打款，我该怎么办？

原因分析

首先，无论是多么值得信任的客户，也不能在付款方式上有侥幸心理，先收定金是必须的。否则就会陷入如同这个案例中的被动情况。

诸如此类的被动情况在外贸实践中很常见，主要是因为两点原因：第一点是客户能抓住外贸业务员急于成单的心理，一而再再而三地提出要求；第二点是业务员为了订单成交，一而再再而三地妥协退让。造成被动的主要原因不是第一点，而是第二点，一味地为订单妥协，才会让客户"得寸进尺"。

想要避免陷入被动，我们要做到两点：第一，对于原则问题，坚决不退让，尤其是付款方式和交易条款，不利于我们的坚决不同意；第二，果断地拒绝客户的过分要求。

📖 跟进思路

在与客户的沟通中，我们要做到不卑不亢，哪怕主动权在客户手中，我们也可以做到置之死地而后生。怎么理解？货物生产完成，但客户不付款，那么我们坚决不发货，同时做好最坏的打算，就是倘若这个客户不要货了，该怎么处理。想清楚这点，便不会被客户牵着鼻子走。

如果客户不要货了，我们能怎么处理？

1. 把货物原价卖给其他客户。
2. 把货物低价卖给同行贸易公司。
3. 当作库存慢慢消化。
4. 当作折扣商品推荐给其他客户。
5. 当作赠品赠送给其他下单的客户，还可能带来新订单。
6. 加印中文说明书，转为内销。

找到一种合适的方式把产品卖出去，回收成本，如此我们便不会惧怕国外客户的"要挟"。同时，对于这类出尔反尔的客户，我们应表明自己的态度，让客户知道我们并不是没有底线的软柿子，促使客户妥协。

📖 撰写跟进内容

根据以上分析和思路，可以这样跟进：

Hello XX,

We have produced the goods according to the previous agreement, and now you can pay and ship the goods.

（我们已经按之前的约定生产好货物，现在您可以付款并出货。——再次明确告诉客户货物已经生产完成，等待他付款出货。）

You proposed to exempt the ocean freight, I think you are bargaining with us. Sorry, the ocean freight cannot be free, but we can give you some discounts on the price. We can reduce 0.5USD/pc for you.

(您提出要免去海运费,我想您是在跟我们砍价吧。很抱歉,海运费无法免去,但在价格上可以再给您一些优惠。我们可以给您减少 0.5 美元/件。——提出最后的让步,不让关系变僵。)

This is our greatest sincerity for this cooperation. For lower price, we can't do it. Hope you can seriously consider it. If you do not agree with our proposal and do not pay for the goods, we will sell the goods to our other customers.

(这是我们对于此次合作的最大的诚意。再低的价格,我们无法做到。希望您可以认真考虑。若您不同意我们的提议,也不支付货款,我们将把这批货物卖给其他客户。——强调我们明确的立场和坚决的态度。)

Our warehouse will temporarily store it for you for 7 days. If you do not make a statement after 7 days, the goods will be processed. Please understand, thank you very much.

(我们的仓库将暂时为您存放 7 天。若 7 天之后您没有做出表态,这批货物将被处理。请您理解,非常感谢。——加上时间期限,迫使客户在 7 天之内做出决定。)

Best wishes,
Lica Huang

当然有些客户即便收到了我们的催单邮件可能还是不肯妥协,也不回应,这时我们可以做最后的一搏:

The 7-day appointment time has come, and unfortunately we have very strong expectations, but have not received a response.

(7 天的约定时间已经到了,很遗憾我们抱着很强的期待,却没有得到回应。——直接点题,再次明确是客户违约了。)

Therefore, we will sell these goods to other customers. In addition, we have notified other peer suppliers to report that you are a liar, and no Chinese supplier will dare to cooperate with you.

（因此，我们将把这些货卖给其他客户。另外，我们已经通知其他同行供货商说你是骗子，将不会有中国的供货商敢与你合作。——说明我们的处理方案，让客户自己衡量失信的后果。）

And we will also report your untrustworthy behavior to China Customs. Your company will enter the export blacklist and can no longer import from China.

（而且我们也将向中国海关举报您的失信行为。您的公司将会进入出口黑名单，再也不能从中国进口。——继续给对方压力。）

We are an ordinary foreign trade company, doing business with integrity, but your dishonesty is extremely disappointing and hateful. We will never cooperate again.

（我们是普通的外贸公司，诚信经营，但您的失信让人无比失望和痛恨。我们将永不合作。——再次点明是客户的失信导致了现在的结果，给对方施加压力。）

跟进思路小结

1. 做好了货，但是客户不付款，这种情况下坚决不能发货，即使客户用各种"甜言蜜语"，也不能发货，避免让自己陷入更大的被动。
2. 对于客户提出的协议之外的过分要求，要果断拒绝，坚守底线。
3. 若温和的协商没有奏效，可以适当给客户施加压力。

案例二

货做好了，客户迟迟不付款怎么办？

问题描述

之前和这个客户合作过两次，货值很小，都是全款预付，我们也是短期内交货，合作得很顺利。之后两笔订单，由于交货时间较长，客户非要装运前付全款且不付任何定金，基于前面的合作，觉得客户不是骗子，我们就答应了，也签了合同。但是现在货物已经做好快一个月了，客户一直不付款，还总是询问其他产品的价格，并问我们要样品，还要求我们给做图纸，但就是不提付款的事。客户总说这两个单子和样品一起发，又说他那边的客户没有确定用海运还是空运，让我们等消息，看起来客户一点儿都不着急要货。我们的货是从工厂采购的，现在客户不付款，这款产品又不好转卖，占压我们资金，怎么办？

原因分析

不收定金就生产货物，是外贸中的大忌，不少外贸人都曾栽在上面。其中不少都是客户故意使用的套路，先下两三个很小的订单，让你相信他们是真实可信的，然后到后面的订单就开始提出过分的要求，例如这个案例中客户非要装运前付全款，这是不合理的要求，但是业务员抱着侥幸心理就"上套"了。所以，再次强调，突破原则、打破底线的要求坚决不能同意，不管是合作了多少次的客户都是如此。

但事情既已发生，我们还是要积极地想办法解决，一些好的思路能帮我们破局。

跟进思路

在这个案例中，产品很难转卖，所以我们可能没有那么足的底气与客户态度坚决地沟通，万一客户真的不要货了，就全赔在自己手上。因此我们跟进的重点还是放在与客户好好沟通上。好好沟通就意味着态度要温和，沟通时要多打感情牌，甚至可能需要在付款方式上做更多妥协，目的是尽量减少损失。

撰写跟进内容

根据以上分析和思路,可以这样跟进:

Dear XX,

I am not very happy today, because my boss asked me again today: When will your customers pay and send the goods away? Because the goods have been in the warehouse for a month.

(今天不太开心,因为我的老板今天又问我:你的客户什么时候付款,把货物发走?因为货物放在仓库已经一个月了。——开头点明问题。)

You said before that you want to send it with the sample, but the sample still needs a long time to be confirmed, which takes up our funds.

(您之前说想让这批货物和样品一起发走,但样品还需要很长时间才能确认完毕,这样占压了我们的资金。——继续说明客户不付款可能带来的问题。)

Can you tell us when do you plan to pay? Today my boss scolded me, I was so sad, I said: I believe my customer will pay. So I hope you pay as soon as possible, otherwise I will be fired from the company. Hope you will not disappoint my trust, I am just a poor beater.

(能告诉我们您打算什么时候付款吗?今天老板骂我,我好伤心,我说:我相信客户一定会付款的。希望您尽快付款,否则我会被公司开除。希望您不要辜负我的信任,我只是一个可怜的打工人。——诉诉苦,说说自己的难处,引起客户的同情。)

If you cannot pay the full amount, can you pay 50% first? I will explain to the boss first. Can you help me?

(如果您不能支付全款,能不能先付50%?我先给老板一个交代。您能帮帮我吗?——提出一个客户可能会接受的条件,能少损失一点是一点。)

跟进思路小结

1. 已做货，但客户不付款，同时也没有后路，即货品不能转卖出去时，不能与客户撕破脸皮，这时候只能打感情牌。

2. 打感情牌也不能太假，可以借助老板的角色，找找理由，显得自己很可怜、很无助，需要客户帮助，引起客户的同情心。

3. 如果能提出一个客户相对能接受的解决方案，更容易达到目的。

案例三

老客户不及时付货款，怎么办？

问题描述

有一个合作了好几年的客户，订单数量很大，下单次数也频繁，但最大的问题是付款不及时。以前并不是这样的，但最近几笔订单总是要一遍一遍催货款，经常要发货到目的港一个月后才会拖拖拉拉地安排付款，有时甚至更久，让人很不安心，该怎么扭转这样的局面呢？

原因分析

合作了多年的客户，就像朋友一样彼此间建立了信任，但是商场上没有永恒的朋友。赊销这种交易方式对卖家来说风险很大，很容易造成财货两失的局面。

但对于这种老客户，直接提出让客户更换付款方式，很容易让关系破裂。所以需要找到合适的时机向客户说明我们的难处，然后借机和客户提出改变付款方式，这样更容易被客户接受。

跟进思路

可以找哪些理由说服客户改变交易方式呢？

1. 因为疫情原因，很多客户拖延付款，导致我们的资金占压很厉害，因此公司要求往后所有的客户，包括老客户，改变交易方式。

2. 今年很多老客户拖欠货款，导致我们没有足够的资金投入生产，这严重影响了公司正常为客户服务，因此，我们对所有客户改变付款方式。

撰写跟进内容

Dear XX,

I am very happy to have worked with you for X years. Our cooperation is very tacit. Thank you for your support for such a long time.

（很高兴与您合作了 X 年，我们的配合很默契。感谢您这么长时间的支持。）

Due to the impact of the epidemic, many of our customers delayed payment, causing the company's capital turnover to be inefficient. Here are the following information to our distinguished customers:

（受疫情影响，我们公司很多客户拖延付款，导致公司的资金周转不开。在此向各位尊敬的客户通知以下信息：）

O/A (delivery first, pay later) transactions will not be accepted for orders after X year X month X day.

（X 年 X 月 X 日之后的订单均不接受先发货后付款的交易方式。）

New customers who cooperate for the first time need a 30% deposit and 70% of the balance payment is paid before shipment; regular customers who have already cooperated need a 10% deposit, and 90% of the balance shall be paid at the copy of the bill of lading.

（对于第一次合作的新客户，30% 定金、70% 尾款发货前付清；对于已有合作的老客户，10%定金、90%尾款见提单副本付清。）

Thank you for your understanding and cooperation, we will cooperate in the longer term, thank you again.

（感谢您的理解与配合，我们将长期合作，再次感谢。）

Best wishes,
Lica Huang

对老客户到底使用什么付款方式，需要结合客户接受度进行调整，我们的目的是尽量减少老客户不守时付款的情况发生，但同时需要注意，更换的方式应是客户能接受的。

跟进思路小结

1. 等待合适的时机，跟客户说说自己的难处，提出改变付款方式。

2. 付款方式需要结合老客户的情况进行调整，而且调整幅度不宜太大，否则容易导致合作关系破裂。

案例四

约定见提单付款，客户却迟迟不付款怎么办？

问题描述

与客户约定的付款方式是部分定金、其余的见提单付款，但是到今天（7月29日）货已经上船16天了，客户却迟迟不付款。其间跟进了很多封邮件，客户回复说在安排货单，过两天发水单过来，但是后来又没了消息。给客户打电话，没有人接听。打电话到客户公司，客户公司的人说客户在放假。虽然货代有出保函说没有货代提单不会通知目的港指定货代放货，但还是觉得很被动，风险很大。还有12天船就要到港了，我该怎么做？

■ 原因分析

每年 7 月到 9 月是欧洲客户的休假时间段，他们会在这个时间段休息十天半个月，甚至一个月，而且他们在度假的时候并不喜欢处理工作，除非火烧眉毛、十分紧急才会处理，通常情况下，都要等他们度假结束才会处理。如果交易时段刚好在 7 月到 9 月，我们可以主动询问客户最近是不是要休假了、休假时间是什么时候、紧急联系方式是什么，对于已经发运的货物，应提前告知客户预计何时到港，让客户心里有数，提前准备。

客户休假的时候没有回应或者回应很慢是正常的，所以如果不是非常紧急，也不需要打扰客户，待他休假回来自会安排。

■ 跟进思路

首先我们不要着急，不要把客户催烦，否则后续不好推进。距离货物到港还有 12 天，还不是特别紧急，这时我们需要做的是告知客户货物预计到港时间，并问清楚客户具体休假到何时，是不是来得及办理收货，如果客户本人来不及处理，是不是有安排其他人处理。

然后，我们需要找一些理由向客户施压，让客户重视这件事情，尽快付清尾款。虽然有货代保函，但这不是 100% 的保障，所以眼下催客户付款是最重要的。

■ 撰写跟进内容

根据以上分析和思路，可以这样跟进：

Dear XX,

Knowing that you are on vacation, we do not like to disturb you, but your goods will arrive at the port in 12 days. We are worried about whether you will have time to process the receipt.

（得知您在度假，我们不愿意打扰您，但您的货物还有 12 天到港。我们担心您是否来得及处理收货事宜。——简单的问候，直接点出问题。）

According to our transaction method, we need you to pay the balance before we can release the bill of lading for you to pick up the goods, so can you pay for the goods before the goods arrive at the port? What is your vacation time?

(按照我们的交易方式,需要您付清尾款后我们才能签发提单给您提货,所以您是否可以在货物到港前支付货款呢?您的休假安排是怎样的呢?——说明货物情况,询问客户的时间安排。)

If you are too late to deal with it, have you arranged for your colleague to deal with it?

(如果您来不及处理,您是不是有安排您的同事来处理呢?——间接向客户提出建议,可以让同事来处理。)

Because the goods are not picked up in time at the port, there will be detention fees. If we incur this cost because you do not pick up the goods in time, then you will need to bear these costs. The one-day detention fee is about 220 U.S. dollars, which is so expensive.

(货物到港不及时提取,会产生滞港费。这个费用如果是因为您不及时提货产生的,需要您来承担。一天的滞港费大约是 220 美元,太贵了。——站在客户的利益角度,给客户施加压力的同时又不会引起客户的反感。)

So we very hope that you can pay and pick up the goods in time and don't bear unnecessary expenses.

(所以我们非常希望您能及时付款和提货,不要承担不必要的费用。——还是从客户的利益角度出发,催客户付款。)

Hope you can see the information in time and reply to us. At the same time, we also wish you a happy holiday.

(希望您能及时看到信息并给我们回复。同时,也祝您假期愉快。——再次催促,但同时表达祝福,不让客户反感。)

Best wishes,

Lica Huang

◼ 跟进思路小结

1. 货物即将到港，但是客户"失联"的情况很常见，所以我们事先要与客户打好招呼，告知客户货物预计到港时间，以及客户需要做哪些准备。

2. 如果距离货物到港还有超过 10 天的时间，不用着急，可以再等等。如果不足 10 天，就必须想办法把信息传达给客户，让客户做好相关安排。

3. 适当地向客户施压，但是必须站在客户的角度去考虑，否则会引起客户的反感，更不利于推进。

案例五

货已到港，但客户迟迟不付款怎么办？

◼ 问题描述

我的一个客户，预付款打了 30%，现在货物到港一周多了，还没有把 70% 的尾款打过来，每次打电话给客户都说当天打款，结果两三周了还没打过来，我也还没寄送提单，现在该怎么办？

◼ 原因分析

货物到港，但是客户没有及时付款提货，多数都有原因，大致分成两种情况。一种是坏情况，即客户可能有意拖延时间，等到货物被海关认定为"弃货"并进入海关拍卖环节时，再以低于原价很多的价格购入。另一种是好情况，即客户并不是故意拖延时间，只是因为遇到了资金问题，暂时不能付清尾款。

通常来说，出现好情况的可能性比出现坏情况更大，毕竟诚信做生意的客户还是占多数。

跟进思路

若是遇到了坏情况,客户有意拖延至拍卖,我们需要向客户施加压力,让对方不要认为我们没有任何办法。

若是遇到了好情况,还是要从了解客户的困难、帮助客户解决困难的角度去跟进,这样更容易破局。

撰写跟进内容

根据以上分析和思路,可以这样跟进:

Dear XX,

We have urged many times, but you still did not pay for the delivery, so we are worried whether you have encountered any problems? Do you need our help or support?

(我们多次催促,但您还是没有付款提货,所以我们担心您是不是遇到了什么问题?您需要我们的帮助或者支持吗?——试探地询问客户不付款的原因。)

You can talk about your difficulties, maybe we can help you share them.

(您可以说说您的困难,说不定我们能帮助您分担。——引导客户说出原因。)

It has been 2 weeks since the goods arrived at the port, and detention costs have been incurred. These costs need to be borne by you, but if you do have financial difficulties, we can bear them together with you, but you must pick up the goods as soon as possible, otherwise, unnecessary cost will increase.

(货物到港已经2周,已经产生滞港费用。这些费用是需要您来承担的,但如果您确实有资金方面的困难,我们可以和您一起承担,但是您必须尽快提货,否则,不必要的费用会越来越多。——从客户的利益角度出发,给客户施加压力。)

We hope to get your clear reply this time. We will not wait forever. We will also consider the worst result. If you abandon the goods, we will return it or transfer it to other customers as soon as possible, and the deposit you paid will not be refunded.

（我们希望这次能得到您明确的回复。我们不会一直等待。我们也将考虑最坏的结果。如果您弃货，我们将尽快退运或转运给其他客户，并且您的定金不会退还。——表明态度，再不付款提货我们将退运或转运，给客户施加压力。）

Please understand our concern and wait for your reply, thank you.

（请您理解我们的担忧，等待您的回复，谢谢。——引导客户尽快回复。）

Best wishes,
Lica Huang

跟进思路小结

1. 货物到港不提货，肯定有原因，可能是客户故意拖延，也可能是暂时没办法付款导致的拖延，无论任何情况，我们都要先了解原因，然后适当地给客户施加压力，让对方尽快付款提货。

2. 确认客户弃货后，立即想办法退运或寻找下一个客户。

第十章
付款后发货前遇到的问题

案例一

客户已经付款,但是价格报错了,该怎么办?

问题描述

客户半个月之前下单了14万美元的货物,并且已经付款,到了要发货的时候我才发现价格报错了。我们是做电子产品的贸易公司,产品单价很低,我在给客户报价时每款产品少报了五六十元人民币,客户总共订了一两百款产品。客户是中间商,也是买了产品卖给他的客户的。现在我要怎么向客户解释?

原因分析

价格报错的情况经常存在,由于粗心或者对产品不了解,都可能会报错价格。报错价格是很麻烦的事情,报高了还好,报低了再向客户提价,很可能就会把订单做黄,客户会认为你非常不专业,或者认为你想要坑骗他;但如果不提价,公司又亏了,亏本的订单公司不会接,所以进退两难。

尽管很难,但我们依然有方法可以应对这样的情况,让订单顺利进行。

跟进思路

对于这种情况，我们可以用"歉因决法"来应对。

第一步，道歉。价格报错是我们的失误，所以首先要向客户致以诚恳的歉意。

第二步，解释原因。告诉客户为什么价格报错了，可以尽量找外在原因，例如原料供应商/工厂突然涨价、原料供应商/工厂报价错误等，最好不找自己的原因，如果说自己粗心看错了，或者说自己对产品不熟悉导致错误，客户会认为你不专业或者你的公司不靠谱。但如果实在找不到可信的外在原因，那么就勇敢地承认自己的错误吧，凭借这样的真诚也会博得客户谅解。

第三步，解决。提出一个双方都能接受的解决方案。如果很难做到双方都满意，为了订单继续进行，我们需要做更多妥协。

客户也在商场身经百战，对价格敏感且熟悉，我们报低价格，客户也会有所察觉。所以，当我们提出报低了价格要加价时，客户虽然生气，但也能理解，所以只要把客户的情绪安抚好，多数情况下订单还能继续进行，而且不会影响后续合作。

撰写跟进内容

根据以上分析和思路，可以这样跟进：

Dear XX,

Your goods are being produced and will be shipped in 5 days.

（您的货物正在生产，还有 5 天就能出货。——先说明货物状态。）

But today we received a bad news. The factory told us that their price was wrong, which means the quotation we gave you was also wrong. The correct price is XX USD/pc. We are very sorry for this.

（但今天我们收到了一个让人头疼的信息，工厂告知我们他们的价格报错了，也就意味着我们给您的报价也错了。正确的价格是 XX 美元/件。对此我们感到非常抱歉。——告知客户报借价格的原因，并且诚挚地道歉。）

In order to express our apologies, we do not make any profit on this order. We only need you to make up XX dollars to make the goods shipped smoothly. Do you think it is okay?

（为了表达歉意，这个订单，我们不赚任何利润。只需要您补 XX 美元，让货物顺利发货。您觉得可以吗？——提出解决方案，询问客户的意见。）

Best wishes,

Lica Huang

跟进思路小结

1. 报错价格分两种情况：一种是报高价格，此时再找客户降价，客户会认为你们是很诚实的商家；另一种是报低价格，此时再找客户加价，可能会激起客户的愤怒，处理不好，容易两败俱伤。

2. 报低价格很常见，可以使用"歉因决法"与客户沟通。只要我们能安抚好客户的情绪，再提出一个相对合理的解决方案，多数客户能接受。

3. 提出的解决方案能不能被客户接受，由两个方面决定：一个是客户的接受程度，另一个是我们的妥协程度。若客户对加价接受度高，我们就不用做很多妥协。

4. 在这个案例中，货款已付，所以为了顺利发货，需要妥协的地方可能更多，当然也看客户好不好说话。

案例二

我厂的货与客户要求有不符，经协商未果，如何处理客户才能接受？

问题描述

去年 4 月客户在我厂定制了 17 万元的铝合金门窗以及木门，交货并验货后客户提出有多个方面与其设想不一致。最终追究细节发现，除了客户吹毛求疵之外，我厂确实有部分款式做的与形式发票描述不符。经过协商，客户决定接受我厂部分修改并以折扣后的价格收货，但是我厂要求交货前客户付80%尾款方可送货到指定仓库，理由是客户已经确认货物并确定接受以我厂提出的折扣价格收货。但客户不答应付80%尾款，之后再无任何回复。我厂的目的是让客户收货，价格上再多一些让步也可以，现在我该怎么做呢？

原因分析

货物没有做到客户的要求，客户就有弃货的可能，所以客户没有回应也能理解。但好在只是部分款式没做到客户的要求，这给接下来的谈判带来一丝底气。而且厂家也愿意多给折扣，所以好好与客户协商，这个单子就还有希望。

跟进思路

既然在付80%尾款这里卡住了，按照"在哪里卡住，就从哪里下手"的原则，我们的跟进也要从付尾款这里下手，与客户协商。

另外，货物没有达到客户的要求，可能会影响客户的销售，如果卖不出去，客户自然也不会购买。所以在与客户协商折扣的同时，还需要考虑客户能否盈利，是否需要帮助客户解决销售的问题。

撰写跟进内容

根据以上分析和思路，可以这样跟进：

Dear XX,

In view of the fact that our products do not fully meet your requirements, after our serious consideration, in order to express our apologies, we are willing to give you a larger discount.

（鉴于我们的产品没有完全满足您的要求，经过我们认真的考虑，为了表达歉意，我们愿意给您更大的折扣。——开门见山，引起客户的注意。）

Fortunately, only some of them do not meet the requirements, and most of the goods meet the requirements. So please consider carefully, under such discounts, are you profitable?

（幸好只是其中部分不满足要求，大部分货物是满足要求的。所以请您认真考虑，在这样的折扣下，您是不是盈利？——引导客户思考折扣的方案是否可行。）

For the payment method of 80% balance, if you think it is not suitable, can you tell us what kind of payment method you prefer?

（对于80%尾款的付款方式，如果您认为不合适，能不能告诉我们您喜欢什么样的付款方式？——卡在哪里，就从哪里入手。）

We sincerely communicate with you and hope to get your reply, thank you.

（我们真诚地与您沟通，希望能得到您的回复，谢谢。——表明真诚的态度，引导客户回复。）

Best wishes,

Lica Huang

跟进思路小结

1. 货物没有达到客户的要求，最严重的后果是客户弃货，此时要先问客户的想法，再想对策，而不能一意孤行，毕竟主动权在客户手中。

2. 货物不满足要求，会直接影响客户的销售，所以我们在跟进的时候，要考虑到客户能否把货物销售出去，有没有需要我们帮忙的，帮客户卖货才是销售的更高境界。

案例三

因服务态度不好，被客户取消订单怎么办？

问题描述

一个一直合作的老客户下了新单，说先安排生产，过两天再支付定金。

基于对客户的信任，我们就先安排生产了。但今天客户突然说不要了，要取消订单。

经过了解，原来是因为我们的一个新同事和客户沟通时态度不好（我们公司会把老客户交给新同事跟进），导致客户生气才说要取消订单，如果我们道歉，是不是可以化解呢？我作为主管，该怎么跟客户说呢？

原因分析

业务员不仅需要有专业的知识，也需要有专业的服务态度。很多时候，客户突然不回复或突然跑单了，和业务员的服务有很大的关系。业务员是公司形象的代表，业务员的服务不好，会导致客户对公司全盘否定。所以，业务员一定要提高自己的专业素养。

跟进思路

如果是因为服务态度不好，客户生气想要取消订单，而且是老客户，那么事情还比较好处理。首先要给客户道歉，说明没有服务好的原因，然后提出解决方案，比如换个业务员跟进或不换业务员但会有老业务员一起跟进，保证做好服务。总之问题出在哪里，就从哪里着手解决。

撰写跟进内容

1. 作为主管/上级，可以这样跟进：

Dear XX,

We are very sorry, our salesman did not provide you with good service. He is a novice and he is still growing, so he lacks in many aspects. We apologize for the trouble caused to you.

（非常抱歉，我们的业务员没有给您提供好服务。他是新手，他还在成长中，所以在很多方面有所欠缺。对于给您造成的困扰，我们深表歉意。——向客户致歉，并说明原因。）

In order to ensure your service, I will follow up your order with my colleagues in the future, you can contact me for any questions, and we will try our best to serve you.

（为了保证对您的服务，往后我将和同事一起跟进您的订单，任何问题您都可以找我，我们将非常尽力为您服务。——提出解决方案，平息客户怒火。）

For your order, we are already in production according to the previous agreement, and hope you can allow us to continue production and let the cooperation continue. We have cooperated many times and understand each other. There is reason to believe that we can establish long-term cooperation.

（对于您的订单，我们按照之前的约定已经在生产，希望您可以允许我们继续生产，让合作继续。我们合作过多次，对彼此都有了解，因此有理由相信我们可以建立长期合作关系。——主动引导订单走向，安抚客户。）

If there are any problems in the process of cooperation, please give us feedback at any time, and we will actively solve them quickly and provide you with quality service.

（如果合作的过程中出现任何问题，您可以随时向我们反馈，我们会积极快速解决，给您提供优质的服务。——继续安抚客户，给予客户信心。）

Best wishes,

Lica Huang

2. 如果是犯错的业务员自己要向客户致歉，跟进内容可以这样写：

Dear XX,

I'm so sorry to cause you trouble. This is not my intention. I just joined the company not long ago, and there is a lack of ability, but I will learn from it and continue to improve.

（很抱歉给您造成困扰。这不是我的本意。我刚进公司不久，能力有欠缺，但我会从中吸取教训，不断地改进。——向客户致歉，并表示会改正。）

I hope you can give me a chance to grow, and I will definitely serve you very seriously.

（希望您能给我一个成长的机会，我一定会非常认真地服务您。——再次表"衷心"。）

If I do not do well, please point out, criticize, and are very willing to accept your supervision.

（如果我有做得不好的地方，请您指出、批评，非常愿意接受您的监督。——再次表示有错必改的决心。）

Your order is in production. According to the normal schedule, it will be shipped in 10 days. Please don't affect your plan because of me.

（您的订单正在生产。按照正常的进度，10 天之后就能出货了。请不要因为我的原因，影响了您的计划。——从客户的利益角度出发，引导客户让订单继续。）

I apologize to you again for my negligence!

（对于我的疏忽，再次向您道歉！）

Best wishes,
Lica Huang

跟进思路小结

1. 老客户突然取消订单一定有原因，所以一定要第一时间向客户了解原因，然后对症下药。

2. 如果是因为服务态度不好惹怒客户导致订单取消的，那么需要一封诚意十足的道歉信去挽回客户的心。表达歉意的同时不要忘了给客户信心，让他相信你是能够做好的。

3. 不管是业务员的上级还是业务员，只要是因为自己的原因造成的问题，都应在第一时间向客户致歉，服务态度一定要积极、专业。

案例四

部分产品质量不合格，客户很生气，怎么办？

■ 问题描述

之前定好的 5 月初交货，客户派第三方过来验货，结果部分产品质量不合格，与客户协商重新生产不合格的产品，可问题是重新生产又要推迟交期，客户很生气，延迟交货也将导致客户生意受损。现在该如何回复客户呢？

■ 原因分析

交期准时且保证产品合格率 100% 需要非常完善的检验流程和严格的监控措施。通常情况下，第一遍生产总有些不合格的产品需要回炉重造，尤其是技术性强、组装复杂的产品，需要多次筛查、重造才能发货，因此交期很难保证。

所以，我们在给客户报交期的时候，要在工厂报的交期之上加 5~10 天，这些时间用于处理意外情况。也许你会担心，加了这些时间，交期变得很长，客户可能不愿意，但事实是，只要你切实为客户的利益着想，客户反而更加信任和依赖你。我们可以给客户报一个区间交期，例如 20~25 天，并说明这么报是因为交期难控，为了保证出货质量，有时候可能需要更多的质量检测。

提前与客户说明，让客户心里有数，就不会出现这个案例中惹怒客户的情形。如果没有提前给客户打预防针，客户当然会发怒，因为失信，更因为耽误了他的计划。所以，提前预防比亡羊补牢重要得多。

■ 跟进思路

现在部分产品不合格、延迟交期已经是事实，客户已然很生气，该怎么办？还是那句话，好好沟通解决是关键。所以，我们的跟进思路是：第一步，向客户诚意地致歉，并说明原因；第二步，提出解决方案，与客户协商；第三步，给予客户致歉补偿方案。

撰写跟进内容

根据以上分析和思路，可以这样跟进：

Dear XX,

We are so sorry that this production did not reach the 100% pass rate, because some products did not meet the standards due to errors in the debugging of the new machine. This is our mistake and we accept criticism.

（很抱歉这次的生产没有达到100%的通过率，因为新机器调试上有误差导致部分产品没有达标。这是我们的失误，我们接受批评。——诚意致歉并说明原因，这个原因找恰当的客观理由，更容易让客户消气。）

However, it is a fact that some products are not qualified. In order not to increase the impact on you, we would like to negotiate a solution with you. Our proposal is as follows:

（但是，部分产品不合格已经是事实。为了不加大对您的影响，我们想与您协商一个解决方案。我们的提议如下：——真诚地从客户的利益角度提出解决方案。）

1. Wait a few more days, reproduce the unqualified products, and finally ship them together.

（1. 再等待几天，重新生产不合格的产品，最后一起发货。）

2. Ship the qualified products by sea according to the original plan, and then send the goods by express after a few days, so that it will not affect your final delivery time. We will bear the courier costs together.

（2. 把合格的产品先按原计划通过海运发走，其余的产品几天后通过快递发走，这样不会影响您最终的收货时间。快递费用我们一起承担。）

3. Send out the qualified products first, and send the rest in the next order.

（3. 把合格的产品先发走，其余的随下一次订单再发。）

Which option do you prefer? Or if you have other ideas, please let us know.

（您更倾向于哪个方案呢？或者如果您有其他想法，请告诉我们。——征求客户的意见。）

For the trouble caused to you this time, we will give you a discount in the next order as compensation. We cherish our cooperation with you, and thank you for your understanding and support.

（对于此次给您造成的麻烦，我们将在您的下一次订单中给予优惠作为补偿。我们珍惜与您的合作，感谢您的理解和支持。——提出补偿方案，进一步平息客户怒火，让合作继续。）

Best wishes,
Lica Huang

📖 跟进思路小结

1. 交期延迟是常有的事情，所以我们要想好怎么避免或减少这样的情况发生。对于业务员而言，能做的就是经常监督工厂的进度，及时发现问题、解决问题，提高生产的效率。

2. 对于难以避免的交期延迟，应事先给客户打个预防针，以免交货时间到了却交不出货，激怒客户，影响合作。

3. 遇到问题，直面问题，真诚、坦率、自始至终站在客户的角度思考并解决问题，效率最高。

4. 需要注意的是，在出现问题后，哪怕顶着被骂的危险，也要敢于向客户说明真实情况，敢于接受客户的批评，而且必须与客户一同商量对策，并由客户做出最终决定，切勿自作主张、自作聪明。

案例五

客户指定的原材料供应商生产不合格，该怎么跟客户说明？

◾ 问题描述

我们新开发了一种产品，原材料由客户指定的国内供应商提供，然后由我们联系的另外一家生产商完成生产。我们虽然是中间商，但是一直在以生产商的身份与客户沟通。原材料供应商直接发材料给生产商，货款也是直接支付，我们只是在中间调节一下。由于原材料质量时常不合格，所以总是在返货，导致每次交货期都延误。这个原材料供应商是客户指定的，价格低廉，我也不能轻易更换。但是每当客户问到为什么推迟发货时，我却找不到一个合适的理由解释。我现在担心的是，如果我实话实说，一旦客户责怪原材料供应商，他们可能一气之下会把生产商的信息告诉客户，这样我就没有生意做了。我该怎么办呢？

◾ 原因分析

如果你对客户说自己是生产商，但实际上是中间商，与生产商是合作关系，那么就需要让这个合作关系更牢固一些，与生产商签订合同，限定双方的责任和权限，尽可能不让生产商撬走客户。当然，信誉不错的客户也不会撬中间商的下游厂商。因此作为中间商，找到可靠的生产商是重中之重。首先要免除后顾之忧，这样才能更好地服务前端的客户。

客户指定的原材料供应商若不能满足客户的要求，经常因为质量不合格而返货，造成交期延迟，应该与客户说明，让客户知晓。因为客户并不清楚其中到底发生了什么、哪里出了问题，客户有基本的知情权。

至于你担心的，如果向客户说明了原材料供应商的问题，原材料供应商可能会说出最终的生产商，导致客户跳过你与生产商直接合作，这种情况是可能发生的，却不是解决问题的阻碍。

从客户的角度，他只希望能保质保量，按时收到货物，如果做不到，不管是原材料供应商还是生产商，都可能被换掉。所以，关键还是在于保护客户的利益，只要从这个角度出发，客户都乐于接受。

原材料供应商的问题要不要与客户说明呢？要。如果需要重新找原材料供应商，那就和客户一起找，找到合适的再换掉现在的。可以先尝试样品单，再筛选出最终的合作对象。

至于原材料供应商是不是会向客户告发，不重要。重要的是，你能帮助客户获取更多利益，让客户依赖你。客户的精力是有限的，而且远在海外，只要你能帮助客户解决问题，推动订单顺利进行，客户就不会换掉你。

跟进思路

首先委婉地向客户说明因为原材料供应商的问题导致经常返货，从而造成交期延误。当然口说无凭，需要证据。如果只是口头阐述，难免会让客户认为你们在推卸责任，这样就不好了。视频、图片、聊天记录、订单记录等都可以用于证明问题所在，让客户相信你所说的皆是事实。然后向客户提议寻找新的原材料供应商，自己也帮助客户一起寻找，找到合适的再换掉现在的原材料供应商。

撰写跟进内容

根据以上分析和思路，可以这样跟进：

Dear XX,

After thinking about it for a long time, I decided to explain to you the real reason for the delay in delivery, because the raw material suppliers often fail to meet the production quality, which leads to the return of the goods, which causes the delivery delay.

（思考了很久，还是决定跟您说明交期延误的真实原因，因为原材料供应商生产质量经常不合格，导致返货，从而造成交期延误。——委婉地说出真实原因。）

Attached are the records and materials of our exchanges with raw material suppliers, you can see their problems.

（附件是我们与原材料供应商交流的记录和资料，您可以从中看到他们的问题。——提供证据，证明自己说的是事实。）

Because they are your designated supplier, I hesitate to explain the true situation to you. After careful consideration, I think I should explain it to you because it affects your interests and our cooperation.

（因为他们是您指定的供应商，我犹豫要不要向您说明真实情况。仔细考虑之后，我认为应该向您说明，因为这影响到您的利益，也影响到我们的合作。——从客户的利益角度说明自己为什么说出真相，博得客户的好感。）

My suggestion is that you can find a new supplier of raw materials, and I can also help you to find a better one and then replace the current one. Do you think this is okay?

（我的建议是，您可以重新找新的原材料供应商，我也可以帮助您一起寻找，找到更好的之后再换掉现在这个。您觉得这样可以吗？——委婉地提议，征求客户的意见。）

Best wishes,
Lica Huang

跟进思路小结

1. 从客户的角度思考，保护客户的利益是关键，其他的都不重要，只要我们与客户站在同一战线，客户就会依赖我们。

2. 遇到问题时，客户有基本的知情权，我们要说明，但要委婉和谨慎，必要时收集好证据。

第十一章
发货后遇到的货运、弃货问题

案例一

客户拒收货物该怎么办?

问题描述

之前发了一批包装膜给泰国曼谷的客户,一共50卷,货款已全收。客户收到货后告知其中10卷是坏的,要求我们补偿。经双方协商,我们答应给客户补货,但需要一次购买50卷,因为我们的最小起订量是50卷,客户同意再购买50卷,同时我们提出只需付40卷的货款,以此补偿客户。

客户付齐货款后我们准备发货,就在补偿的这批货物已报关并且将要发运时,客户提出先发10卷给他们看看是否合格,检验合格后再发其余40卷。我们拒绝,称货物已报关且即将发运,无法先发10卷。客户却说货物到港后他们将拒绝提货。已努力协商,但客户仍然拒绝提货,现在货物已经在船上了,怎么办?货款已收,如果客户不提货,是不是可以置之不理?产生的滞港费由谁承担?

📒 原因分析

产品出了问题,双方好好商量并做了弥补,这原本不是大问题,为什么会闹僵了呢?问题还是出在双方的沟通上面。

因为客户第一次购买的 50 卷货物中有 10 卷存在问题,所以客户要求补偿。正常的补偿方式是直接补寄 10 卷,或者相应退还客户 10 卷产品的货款。而在这个案例中,供货商采取的补偿方式是要求客户再购买 50 卷,只付 40 卷的货款,看似也是合理的补偿方式,但这种方式多少存在欺负买家的成分。因此,客户内心已经不悦。

第二批 50 卷货物,客户要求先发 10 卷看质量,再发其余 40 卷,这其实是合理要求。唯一的问题是客户提出要求的时间太晚,货物已经报关等待发运。尽管供应商有理有据,但是客户内心很不爽。这便是双方闹僵的根本原因。

客户是真诚买货的客户,所以只要我们能提出真诚的处理建议,这个问题就能解决。货物已经发运,没有办法回头,但是我们可以说服客户接收货物。

📒 跟进思路

货款已经收齐,按理来说,我们并不担心客户不提货,长时间不提货,货物会被海关没收或拍卖,这种结果对于供应商来说没有损失,因为已经收齐了货款,但对于客户来说,他将财货两失。

作为负责任的供应商,我们也不能眼看着客户受损失。因此我们要做的就是好好与客户协商,说服客户接受货物。如果这二批 50 卷货物仍存在质量问题,承诺直接给予客户金钱上的补偿,只有这样才能缓和双方的矛盾,让合作继续。

📒 撰写跟进内容

根据以上分析和思路,可以这样跟进:

第十一章
发货后遇到的货运、弃货问题

Hello XX,

When you request to "send 10 rolls of goods first", the goods have been declared to be shipped, and we have no way to return them.

(当您要求"先发10卷货物"的时候,货物已经报关准备发运,我们没有办法退回。——先向客户解释为什么没有答应客户的要求。)

We have already collected all the payment for the goods. By right, it will not affect us whether you accept the goods or not. But, if you do not receive the goods, your goods will be confiscated or auctioned by the customs after a certain period of time, and you will lose both money and goods, which is not good for you at all.

(我们已经收齐货款。按理来说,您收不收货,对我们都不会有影响。但是,如果您不收货,到一定时间后,您的货物将被海关没收或拍卖,那么您将钱货两失,这对您没有好处。——告诉客户不收货威胁不到我们,反而会让自己损失惨重。)

We recommend that you receive these goods first. If you find that there is a quality problem after receiving the goods, you can contact us and we will directly pay you the corresponding monetary compensation. This is better for you.

(我们建议您先接收这批货物。若收货后发现质量有问题,您可以联系我们,我们将直接给您相应的金钱赔偿。这样对您来说是更好的。——从客户的利益角度提出真诚的解决建议,让客户放心收货。)

Hope you will seriously consider making a decision and let us know. You are a sincere buyer, and we are also a sincere supplier. We look forward to more cooperation, thank you.

(希望您认真考虑做出决定,并告知我们。您是真诚的买家,而我们也是真诚的供应商。期待我们能有更多的合作,谢谢。——提醒客户要慎重考虑,希望与客户建立长期合作关系。)

Best wishes,

Lica Huang

跟进思路小结

1. 买卖双方闹僵，是因为双方协商没有达成一致。问题就出现在沟通上，所以一定要与客户真诚地沟通。

2. 我们首先要知道客户为什么没有同意我们的要求或者建议、为什么客户会坚持他的要求，先弄清楚客户的想法，才能进行有效沟通。

3. 我们还要知道自己能为客户做什么、能做到什么程度。综合双方的情况，找到平衡点，或者做一点妥协，帮助订单顺利进行。做长久客户，不应拘泥于眼前。

案例二

发货后才发现产品有色差，该怎么跟客户说明？

问题描述

客户在我这下单了一批手提包，我找工厂按照客户指定的颜色和款式打了样，然后直接寄给客户确认。客户确认没问题后，我安排工厂开始生产。但在生产期间，工厂提出面料不够，需要重新定做面料，为了赶工期我就同意了。

直到发货后，我才发现现货颜色和客户选定的颜色相比，确实有比较明显的色差。货还有10天到港，估计客户要提出问题了，好担心。找工厂的话，他们肯定会说批次不同颜色会有差异。我该如何渡过这次的难关呢？

原因分析

在工厂发货后、客户收货前，发现产品面料有色差，这个问题可大可小，结果存在多种可能性。

如果在客户收到货物之前主动把问题挑明，客户的反应会有以下三种可能性：第一种，客户完全可以接受这个颜色，大家相安无事；第二种，客户表示勉强可以接受，但要求卖方给予优惠；第三种，客户完全不能接受，要求退款退货。

如果是客户收到货物之后自己发现问题，客户的反应会有以下五种可能性：第一种，客户完全可以接受这个颜色，大家相安无事；第二种，客户只是提出有色差，表示也能接受，事情就这样过去；第三种，客户表示勉强可以接受，但要求卖方给予优惠；第四种，客户很生气，但是无可奈何，没有追索，但也不会再下单；第五种，客户无法接受，找卖家理论，要求赔偿。

对比一下这两种情况下客户可能的反应，我们会发现退款退货对于卖家是最大的损失，也是最不能接受的结果。因此，对于卖家更有利的还是等待客户收货后自己发现问题再来反馈。

跟进思路

色差问题客观存在，客户收到货后一定会发现。客户能接受当然是最好的，如果客户表示不能接受，我们就要认真对待。所以关键就在于客户反馈问题后，怎么妥善处理。

如果说是因为自己的疏忽导致问题的发生，客户会更加生气，甚至可能索赔，所以找原因的时候尽量找外在原因，比如生产期间工厂换了机器导致色差或者生产期间停电导致机器重新调试，无法做到和样品一模一样，等等。

问题既已发生，道歉和说明原因是必须的，同时还要安抚客户的情绪，并且想想如果客户索要补偿，我们怎么给予才能留住客户。

撰写跟进内容

根据以上分析和思路，如果客户收到货发现问题并表达不满，可以这样跟进：

Dear XX,

We were surprised to hear this news, because we did not know the problem, because the samples were confirmed and the production was arranged smoothly.

（听到这个消息，我们很惊讶，因为我们并不知道这个问题，因为当时确认样品和安排生产都很顺利。——假装不知道情况，不惹怒客户。）

Regarding your feedback, we got to know the situation with the factory immediately. The factory said that the color was inconsistent because of the power outage during production and the recommissioning of the machine.

（对于您的反馈，我们第一时间和工厂了解了情况。工厂说是因为生产期间停电，机器重新调试，才导致颜色不一致。——找一个恰当的外在原因做解释，不激怒客户。）

However, the factory did not explain this problem before the shipment, which caused such an error. We are really so sorry!

（但是工厂在发货之前并没有说明这个问题，导致出现了这样的错误。我们真的感到非常抱歉！——把问题归咎于工厂，事实上工厂也确实没有反馈色差问题。）

We took a closer look at this color, it seems to be brighter, printed with your logo, more conspicuous. You can try to sell it first, maybe your customers like this color.

（我们仔细看了这个颜色，好像更加明亮，印上贵公司的标识，更加显眼。您可以先销售试试看，说不定您的客户喜欢这个颜色。——既然无法改变，那么说些产品的优点，说些好听的话，让客户得到安慰。）

If you have other ideas or need our help and support, please tell us, we will try our best to cooperate, and apologies to you again.

（如果您有其他想法，或需要我们的帮助和支持，请您提出，我们会尽力配合，再次向您表达真诚的歉意。——摆明真诚解决问题的态度，也是为了平息客户的怒气。)

Best wishes,

Lica Huang

📖 跟进思路小结

1. 在工厂发货后、客户收货前发现的问题，全面衡量后，等待客户反馈再处理问题，对卖家的影响更小。

2. 客户收到货后表达不满，我们跟进的关键点在于找到恰当的外在原因，以平息客户怒气为主进行道歉和解释，可能还需要给出合适的补偿方案，尽可能留住客户。

案例三

散货赶不上船期，该怎么跟客户解释？

📖 问题描述

我们公司在长沙，2月7日客户的货从我们工厂发出，走的散货。原定的船期是2月16日，结果在长沙等拼箱和报关等了几天，赶不上原定的船期，只能推到23日。走散货推迟船期的现象有时无法避免，该怎么给客户发邮件告诉他这个情况呢？这是第一次和这个英国客户合作，不希望因为船期推迟而影响以后的合作。

📖 原因分析

走散货经常会出现船期推迟，原因大概是货不多，装不满，不能按时发船；或同一船的货很杂，货没有到齐只能推迟船期。

相比于长沙，从深圳、广州、上海出货的船期会相对准确一些，因为这些港口货量大，运作规律。

但无论是因为什么，都要事先向客户说明船期可能会延迟，以免到时候客户问责。

■ 跟进思路

船期推迟和交期延迟差不多属于同一性质，都影响到了客户收货的时间。因此船期推迟的处理方式和交期延迟类似。但船期推迟更好解释，毕竟多数情况下都是因为客观原因。

先给客户打预防针，告知客户船期可能会延迟，然后说明延迟的原因，安抚客户，让客户耐心等待。

说明原因的时候，可以选择一个恰当、体面的说法。在这个案例中，船期推迟可能是因为货少，不足以装满货柜，但我们也不能这样说，因为这样说会让客户认为你在嫌弃他的订单小，造成不好的感受。我们可以说，因为临近春节，工厂都赶在放假前出货，货量很大导致延期；或者因为缺箱子、缺货柜而延期。这样的说法更为体面，不会伤害客户。

■ 撰写跟进内容

根据以上分析和思路，可以这样跟进：

Dear XX,

We regret to inform you that the shipping schedule has been delayed because the Spring Festival is approaching and the recent shipments have been too large.

（很遗憾地通知您，船期延迟了，原因是临近春节，近期出货量太大了。——找一个合适的理由告知客户船期延迟。）

Delivery is expected to be postponed to the 23rd. We will keep an eye on the shipping schedule and notify you of any changes in time.

（预计推迟至 23 日发货。我们将密切关注船期，有任何变动都会及时通知您。——告知客户推迟到哪天发货,并表示会认真跟进。)

Best wishes,

Lica Huang

📖 跟进思路小结

1. 船期很难保证的情况下,要事先给客户打预防针,避免到了时间又不能发运,这样客户会很生气。

2. 告知船期推迟的原因应该选择恰当、体面的说辞。同时,有必要想想怎么避免或者解决船期推迟的问题,比如换一个港口出货或者换一家货代公司帮忙运作。

案例四

客户弃货了,怎么办?

📖 问题描述

我的一个俄罗斯客户,货已经到了很长时间了,但是他现在弃货了,原因是他嫌到中转港的费用太高了。货代跟我说由此产生的费用可能需要我们支付,但我们现在也不想要货了,该我们支付额外的费用吗?这种情况应该怎么解决?

📖 原因分析

客户弃货的情况经常出现,通常都是因为货值较小,但运费太高,或是清关费用大于货值,或是遇到一些不负责任的客户,突然就不想要了。

除去不负责任的客户之外,其他情况下客户都是真心想要买货的,可能只是经验不足,不知道一些杂费会这么高,他们是因为不想承担更多费用才弃货的。但这类客户一般都可以进行沟通,尝试让他们配合我们把损失降到最低。

▓ 跟进思路

只要客户愿意沟通,我们就能引导客户一起解决问题,把损失降到最低。这个俄罗斯客户是因为中转费太高了所以弃货,那么只要把中转费解决了,应该就能解决客户弃货问题。

中转费该由谁承担?一般情况下是由客户承担。但因为客户不愿意承担,如果我们认为这个客户还有开发潜力、有订单实力,那么中转费可以由我们来承担,或者与客户商量分摊这部分费用。

如果这样处理也不行,再让客户配合我们退货,或双方弃货选择销毁。如果是小货值的产品,数量不多,其实也没有多少滞港费,在双方都选择弃货之后,通常情况下,这些费用也就不需要处理了。

▓ 撰写跟进内容

根据以上分析和思路,可以这样跟进:

Dear XX,

We also didn't expect that there are so much transfer fee, but we cherish our cooperation, we are willing to take this fee with you, we can pay half.

(我们也没有料想到中转费这么多,但是我们非常珍惜与您的合作,我们愿意与您一起承担这笔费用,我们可以支付一半费用。)

We know that you also want to get this batch of goods, maybe they can bring you great advantage. If you give up now, it is kind of a pity.

(我们知道您也是希望能收到这批货物的,也许它们能给您带来很大的利益。如果现在放弃了,有点可惜。)

Hope we will work together to add more possibilities to each other.

(希望我们一起努力,为彼此创造更多的可能性。)

Best wishes,

Lica Huang

如果客户坚持弃货，同时我们也不想要货了，那么可以请客户配合弃货，跟进内容可以这样写：

Dear XX,

Unfortunately, you have chosen giving up the goods. But it is doesn't matter, we believe there have opportunities for cooperation in the future.

（很遗憾，您选择了不要货物。但没有关系，我们相信以后还有合作机会。）

We also don't want the goods, because the cost of returning is too high, please explain to the customs that you choose "abandonment". Thank you for your understanding and support.

（我们也不想要货了，因为退运的成本太高了，麻烦您到海关说明您选择"弃货"。谢谢您的理解和配合。）

Best wishes,

Lica Huang

📖 跟进思路小结

1. 遇到客户弃货，怎么处理取决于买卖双方如何选择。作为卖方，还是要从客户的意向和潜力出发考虑，如果还有必要争取，还是要与客户积极地协商。

2. 如果客户坚持不要货了，我们也要客气地请客户配合完成我们想要做的事情，比如退运或弃货。因为客户是收货人，他具有支配货物的主动权。我们与客户是利益共同体，遇到问题和气地协商，才能以我们希望的方式顺利解决问题。

案例五

货物到港后客户失联了，怎么办？

📖 问题描述

客户是约旦的，货物已经到港 5 天了，给客户发邮件，没回复；打客户手机，没人接听；打公司电话，也没人接听。现在该怎么办？另外，如果客户不要货了，产生的码头费等费用由谁承担？

原因分析

货物到港但联系不上客户，首先要看看到港时间。每年的 7 月至 9 月是国外客户休假的集中时间段，如果货物恰好在这段时间到港，邮件和电话联系不上客户属于正常情况，应该不是客户恶意失联，而是正好在休假。

但如果是正常工作时间联系不上，那么就要考虑客户是不是遇到了什么问题？或是恶意失联？

客户遇到的问题可能是资金周转不开，暂时没有办法付清尾款提货，或是客户公司原来的采购辞职了，这个订单暂时没有人接管等。恶意失联主要是指无赖客户利用当地海关政策，故意拖延提货，一般拖延至 3 个月，海关就会把货物拍卖，这时他们再以低价格购入。

当然，在还没有弄清楚原因之前，我们肯定不能先往坏处想。因为如果你把这个事情定性为客户恶意失联，很容易冤枉客户，不利于沟通，更不利于解决问题。

跟进思路

最好的跟进思路，就是假定客户遇到难题了，或者遇到变故了，才会突然失联。基于这个假定，我们首先要询问客户是不是遇到了什么问题、需不需要帮忙，引导客户给我们一个回应。只要能得到回应，就说明客户是愿意沟通的，不属于恶意失联。然后再和客户分析一下利弊，引导客户尽快做出回应与行动。

撰写跟进内容

根据以上分析和思路，可以这样跟进：

Dear XX,

The goods arrived in the port for 5 days, we have been trying to contact your email and calls, but have not responded.

（货物到达港口已经 5 天了，我们一直尝试通过邮箱和电话联系您，但是一直没有回应。）

Do you have any problems? Can we help?

（您是不是遇到了什么问题？我们能帮上忙吗？）

If it is about the goods, or if we can solve the problem, please say it freely.

（如果是关于货物的，或者我们能解决的问题，请您放心说。）

The goods arrived in the port for more than 7 days, will be lagged, this fee is paid by the consignee, which is not good for you, hope you can see the information and reply as soon as possible. Thank you very much.

（货物到达港口超过 7 天将产生滞港费，这个费用是由收货人支付的，这对您来说是不好的，希望您能看到信息并尽快回复。非常感谢。）

Best wishes,

Lica Huang

这样的跟进内容发出去，只要客户不是恶意失联，通常都会回复，哪怕只是回复"We will pay soon."（我们会尽快付款。），都说明客户没有恶意失联，那么我们就可以继续跟进："It is great that receiving your reply. Hope you can take the goods within 3 days, so you don't have to pay additional hysteresis fees."（太好了，终于收到了您的回信。希望您能在 3 天内提走货物，这样您就不用支付额外的滞港费。）

跟进思路小结

1. 货物到港后客户失联的情况中，70% 是好的情况，即客户是正常要货的，只有 30% 的可能是恶意诈骗。因此遇到客户失联，要先从好的角度出发，询问客户是不是遇到了问题。

2. 只要客户有回应，多数都是好的情况。这时候要从客户的利益角度给客户分析利弊，引导客户早点提货。同时，也要给客户时间处理问题。

第十二章
客户收货后的售后问题

案例一

客户收到货物后对数量有异议怎么办？

问题描述

之前发了一个柜子的货物给欧洲的客户，客户收到货后发邮件说数量不对（箱数是正确的，但是他们在理货后发现很多箱子里面的数量不够）。客户已经按发票付了款，现在又提出这样的问题，很矛盾，不知道哪里出错了？是客户骗我，还是厂家骗我？数量相差比较大（接近5%），怎么办？

原因分析

客户说收到的货物数量不对，一定是哪里出了问题。哪里会出现问题？一般来说，有三个地方是可能出问题的。

第一个可能出问题的地方是工厂，即工厂发货数量本来就少了。但如果能顺利清关，说明数量并不会有太大差异。通常来说，海关对于少报多出（涉嫌走私）会严格查办，对于多报少出（该案例可能是这种情况）不会特别关注，所以即使本来装货就少了5%也很有可能没有被注意到，然后顺利报关发运了。

第二个可能出问题的地方是船方，即在运输的过程中货物被人偷了。这样的事情时有发生，尤其是日用品、奢侈品等，很容易被偷，被偷数量少可能是自用，如果数量较多，则可能是被偷去卖掉。

第三个可能出问题的地方是客户方，即客户故意说谎，想要获得更多好处。这样的客户偶尔也会碰到，有些客户认为价格高了或者想占取更多好处，就会故意说数量少了，让供应商赔偿。

以上三种情况皆有可能，所以我们首先要确认问题到底出在哪个环节，然后再针对性地解决问题。

跟进思路

凡事都讲证据，客户说数量少了5%，口说无凭，先请客户拍摄照片和视频证明货物是真的少了。另外，需要询问客户，在收到货物时有没有发现包装箱破损或有被撬开的痕迹，也需要拍下照片和视频作为证据。若包装箱有破损或者被撬的痕迹，很可能是在运输过程中出现了问题，这时就要追究货代或船公司的责任。若包装箱无损，则需要根据客户提供的证据和工厂对质。

在收集证据，以及与客户、工厂沟通时，我们也能发现是客户在说谎还是工厂有问题。如果是因为工厂原因造成数量短少，需要追究工厂的责任，要求工厂补发货物或者赔偿。如果是客户说谎，我们可以在证明没有少发货之后要求客户自行解决。若客户、工厂各执一词，也没有足够证据证明任何一方出问题，实在分不出谁真谁假时，只能默认问题出在运输上，然后协商一个双方都可以接受的弥补方案。

撰写跟进内容

根据以上分析和思路，存在三种可能性，所以我们的跟进内容也分三种情况来撰写。

1. 第一种情况：工厂发货少了，且工厂承担责任。

Dear XX,

After checking with the factory, we found that the factory shipment quantity is indeed low. In this regard, we negotiate with the factory and will reissue the missing 5% of the goods.

(经过与工厂的核对,我们发现工厂发货数量确实少了。对此,我们与工厂协商,将给您补发缺少的5%货物。——向客户说明原因以及解决方案。)

We are very sorry for the inconvenience caused to you, and hope you will be satisfied with our handling. If you have any questions, please feel free to contact us, thank you.

(给您造成不便,我们感到非常抱歉,希望您会满意我们的处理方式。若有任何疑问,请随时联系我们,谢谢。——向客户致歉,表现良好的服务态度。)

Best wishes,

Lica Huang

2. 第二种情况:证实工厂没有少发货,客户可能撒谎。

Dear XX,

After a careful check with the factory, the documents and evidence provided by the factory show that the factory's shipment quantity is correct and there is no shortage of shipments.

(经过我们与工厂仔细的核对,工厂提供的单据和证据表明工厂的发货数量是正确的,并没有少发货。——向客户说明我们检查的结果,证实工厂没有责任,工厂提供的单据或证据都应发给客户,避免客户要赖。)

Regarding the reasons for the lack of goods, we suggest you check the goods again. Did you count the wrong ones?(关于货物缺少的原因,建议您再好好检查一遍货物。是不是您数错了呢?——哪怕我们已经非常确定客户在说谎,也要给客户一个体面的台阶下。)

Best wishes,

Lica Huang

3. 第三种情况：无法确认责任归属，只能找运输原因，买卖双方协商一个解决方案。

Dear XX,

We take the photos and videos you provided to confirm with the factory.

（我们拿着您提供的照片和视频去和工厂确认。——侧面说明我们信任客户，拿着客户的证据去找工厂对质。）

After our careful check, the documents and evidence provided by the factory also show that the factory's shipment quantity is correct, and there is no shortage of shipments.

（经过我们认真的核对，工厂提供的单据和证据也表明工厂的发货数量是正确的，并没有少发货。——说明工厂也没有问题。）

Regarding the reason for the lack of goods, we guess that it may be stolen or lost during transportation.

（关于货物缺少的原因，我们猜测可能是运输过程中被偷或者遗失。——只能找其他可能的原因解释给客户。）

Therefore, the factory has no obligation to compensate. But because you are our good customer, we cherish our cooperation, so we negotiate with the factory and will compensate you 50%. Is it okay for you?

（因此，工厂没有赔偿的义务。但是因为您是优质客户，我们很珍惜与您的合作，所以我们与工厂协商，将赔偿您50%。您是否接受呢？——提出解决方案。）

Please feel free to communicate with us if you have any ideas, and we are very happy to serve you.

（您有任何想法都可以与我们沟通，非常乐意为您服务。——表现良好的服务态度。）

Best wishes,
Lica Huang

跟进思路小结

1. 遇到客户说货物数量少了这种情况，首先对客户的说辞持怀疑态度，应该先让客户提供证据，证明货物数量真的缺少。

2. 然后拿着客户提供的证据去找工厂确认，确认工厂是不是哪里出错了才导致数量少发。

3. 若证据证明客户和工厂都没有问题，或者证据不足以证明哪一方出现问题，我们只能把原因归于运输，然后与客户协商一个解决方案。

4. 为了避免扯皮，发货的时候最好亲自清点数量并做好记录、留好证据。

案例二

客户提货发现产品有破损，该如何解释？

问题描述

我们是卖板材的，一个新加坡客户购买了一批板材，十几个立方米，因为整箱费用比拼箱便宜 5 美元，于是我们就选择了整箱发运（我们一般都走整箱），但 20 英尺的箱子没装满，也忘了加填充保护物，客户提货以后发现板材有一点破损，大概是装运过程中板材在集装箱里碰撞了。客户发邮件说板材有破损，但我们看了一下照片，应该不影响使用，只要重新粘连一下就可以。我该怎么向客户解释？

原因分析

产品在运输途中难免有磕碰，若产品在运输过程中有破损，我们需根据破损的轻重程度，给予客户不同层次的回应。

轻度破损，不影响使用，则向客户表达歉意，并表示下次会注意；中度破损，影响使用，但可以通过修补恢复，则向客户表达歉意，并向客户提供修补所需的零件、工具和指导等；重度破损，影响使用，且不能通过修补恢复，则向客户表达歉意，并向客户提供直接的经济赔偿。

跟进思路

这个案例中产品的损坏是由于供应商选择了整箱发货，但产品数量不足以填满整箱，而且没有加保护物，货品与集装箱碰撞造成，所以责任在于供应商，供应商应该向客户提供合适的处理方案。

由于货物是轻度受损，并不影响使用，所以需要向客户表达歉意，以安抚客户的情绪为主。安抚客户的情绪有多种方式，例如承诺客户下不为例，或者给客户一点抚慰金，抚慰金不要求多，意思一下就行。注意，抚慰金不等于赔偿金，抚慰金是为了安抚客户情绪，卖家主动给予的补偿，而赔偿金是为了解决生意纠纷，卖家被动给予的补偿。

撰写跟进内容

根据以上分析和思路，可以这样跟进：

Dear XX,

We have received your feedback on the problem, and I have already reported it to our company.

（我们已经收到您关于这个问题的反馈，我也已经向公司反馈。——表示对客户问题反馈的重视。）

The damage to the cargo this time was caused by a collision during transportation. This was our negligence. We forgot to add some protective items to the container, because our customers did not have this problem before, which led us to ignore this.

（这次货物的损伤是由于运输过程中的碰撞导致的。这是我们的疏忽。我们忘了在集装箱里加一些保护物，因为之前我们的客户都没有出现这个问题，所以忽视了。——说明破损原因，勇敢承认错误。)

But please rest assured that we will pay attention next time and will not let this happen again. At the same time, we are willing to give you 100 dollars as compensation. We are very sorry for that! Hope you can forgive us.

(但请您放心，我们下次一定会注意，不会让这样的事情再发生。同时，我们愿意给您 100 美元作为补偿。对此我们感到非常抱歉！希望您能原谅我们。——给出承诺并给予抚慰金，表明积极负责的售后态度，求得客户原谅。)

Best wishes,

Lica Huang

跟进思路小结

1. 首先应了解清楚货物破损程度如何，然后依据破损程度选择沟通方案。

2. 最重要的是尽量减少破损的发生，发货前应做好保护措施，并且拍照留下证据，以免遇到耍赖的客户说不清楚。

案例三

客户收到货以后说产品质量不好，该怎么回复？

问题描述

客户收到货后说产品质量不好，单品重量不达标，和合同规定的不相符。其实我也知道产品的质量确实一般，但是客户给的价格太低了，只能给出这样的产品，但合同上写的是比较好的产品，所以出现了货物的实际参数和合同上的不一致，这要怎么跟客户解释呢？这个客户是第一次合作，第一次合作就遇到这样的问题，想让他持续下单是不是很难了呢？我现在该怎么回复客户呢？

🔲 原因分析

做生意应该诚信,用好的合同引导客户下单,却在实际做货时降低标准,存在欺骗嫌疑,说到底最开始就不该这么做。现在想要挽回,就只能要找一个可信的理由向客户解释。

🔲 跟进思路

实际货物的单品重量不达标,和合同上标明的重量不符,可以说是因为生产上存在误差,与当时的机器或者工人的技术有关,或者说是因为原材料存在误差等。说是生产上的问题,更容易被客户接受。

另外,也可以适当暗示客户价格与产品质量是高度相关的,如果想要更好的产品,我们也有。

尽管客户第一次下单就遇到产品质量不达标的问题,但只要我们认真地回应客户的问题,表现出良好的服务态度,就还有机会继续合作。

🔲 撰写跟进内容

根据以上分析和思路,可以这样跟进:

Dear XX,

We have received your feedback. The light weight is because this raw material will shrink during production and processing, so the actual products are lighter in weight.

(我们已经收到了您的反馈。重量轻是因为这款产品的原材料会在生产加工的过程中收缩,所以实际生产出来的产品重量偏轻。——找一个生产方面的理由回应客户的问题。)

We also have better materials, the weight of the products will not become lighter, but the price is higher, it is XX USD/pc.

(我们也有更好的材料,生产出来的产品重量不会变轻,价格是 XX 美元/

件。——提出我们还有更好的产品，只是价格也高，间接提示客户价格与产品质量高度相关。）

Would you like we send you a sample of a good product for your reference?

（要不要给您发一个好产品的样品供您参考？——转移话题并且引导客户购买好产品。）

Best wishes,

Lica Huang

■ 跟进思路小结

对待客户应该诚信，虽然我们能化解因为一时欠缺思考带来的问题，但说到底，这样的问题不应该出现。在与客户交流的时候，应该保持真诚，什么样的价格配什么样的产品，应当让客户知晓，至于怎么选择，尊重客户的想法。

案例四

客户提出质量问题要求索赔，该怎么处理？

■ 问题描述

我们的产品是白板纸，客户是泰国的，之前已经发过样品，当时客户对样品没有提出异议，后来客户下单我们就按样品的质量发货了。但现在客户认为产品质量有问题，提出索赔。客户所说的质量问题是指把白板纸折弯，折角处的涂布会有少许的破裂。这其实是正常现象，并不影响使用和销售，等级更高的白板纸也存在这样的现象，使用圆角折弯的机器就能避免。但是我跟客户解释后，客户并不接受，我应该怎么跟客户沟通才好呢？

🔲 原因分析

某行业的产品出现破损如果属于正常现象，那么在该行业，这样的问题不会被认为是问题，但是对于新手客户来说，他看到有破损、有弯折，便会认为这是产品存在质量问题。如何向客户解释这是正常现象，让客户接受呢？

专业的销售人员会在发货之前清楚告知新手客户，哪些现象属于正常现象，如果想要避免应该加什么保护、需要加多少钱等。这样客户心里有数，就不会出现收到货后要求索赔的问题，也不需要我们大费周章去解释。

但如果销售人员没有事先告知客户这些，客户就会认为这是产品质量问题，要求索赔，这个案例就是这样的情况。但无论如何，我们也要想办法解决客户的问题。

🔲 跟进思路

对于新手客户，他们不知晓也不理解为什么会出现这样的问题，也会怀疑我们所说的是借口，不愿意相信。要想让客户相信，我们还需要拿出证据，例如向客户展示与其他客户的聊天内容，说明以前也出现过类似的问题，但现在那些客户依然在合作，证明我们的产品本身没有问题。如果客户还是不相信，我们可以再发一次质量更好的样品，一份加折弯器保护、一份不加保护，让客户相信我们说的是事实。并且告诉客户，轻微的破损和弯折并不影响产品性能和销售。

🔲 撰写跟进内容

根据以上分析和思路，可以这样跟进：

Dear XX,

We understand your doubts and worries, but this is normal, and even better products will have the same situation.

（我们理解您的疑惑和担忧，但这是正常现象，即使是更好的产品也会出现一样的情况。——再次向客户解释原因。）

Look at the product photos sent by our other customers, there is also such a phenomenon, but they are still selling very well, they have been looking for us to purchase.

（您看我们其他客户发过来的产品照片，也存在这样的现象，但是他们依然销售得很好，他们一直找我们进货。——附图向客户说明其他客户也遇到过这种情况，但是不会影响销售。）

If you are still in doubt, we will send you another sample and send you a sample of higher quality, one with protector and one without protector, so that you can understand the truth most directly.

（如果您依然疑惑，我们将给您再发一次样品，发更高品质的样品给您，一份加保护器、一份不加保护器，这样您可以最直接地了解真相。——向客户提议更直接的了解方式，也展现我们的底气。）

Please let us know if need resending a new sample, thank you.

（如果需要重新发一份样品，请您告知我们，谢谢。——确认客户的想法。）

Best wishes,

Lica Huang

跟进思路小结

1. 与新手客户交流时，应把注意事项或可能会出现的问题提前告知，让客户心里有数，这样能避免很多麻烦。

2. 若客户存在疑惑或者不信任，最好的办法就是用事实说话。

案例五

客户收到货后要求降价，怎么办？

问题描述

我们是做手工艺品的，接了一个德国客户的单子。刚开始客户打样下单都很干脆，但是后来换了负责人和我沟通，要求就不一样了。现在客户已经收到大货，但是对我们的产品和包装都不满意，客户发来照片，证明产品确实有些问题，客户说要降价销售，希望我们能给予一些支持。但是我们主管说那些问题不会影响销售，老板也不让步，我该怎么办？

原因分析

有些客户非常严谨，可能我们认为不是问题的小问题，在他们看来就是大问题。但客户的严谨和仔细并没有错，既然想要做这样的客户，就必须让客户满意。出现了问题，如果想要留住客户，需要积极应对。

产品出现一些瑕疵，例如折痕、褶皱，如果属于正常情况，应该向客户解释这很正常，不会影响销售，而且就算换了其他供应商，也同样会出现这个问题。

得到客户的理解后，再想想怎么减少客户的不满，想想客户的要求是否能满足、能满足多少。作为业务员，需要懂得协调公司和客户的关系。

跟进思路

客户提出要降价处理，希望卖家能给予支持，这样的客户是比较理智的。对于客户提出的要求，我们要与公司协商出一个解决方案，哪怕只是很小的支持，给予客户恰当的回应，让客户消了气，凡事都好商量。

老板不让步是因为老板认为产品没有问题，是客户吹毛求疵。这时业务员应该这样和老板沟通：客户虽然比较严谨，但沟通态度很好，而且也有返单的实力，如果能把这个事情妥善处理，我相信这个客户会成为我们长久的客户，从长期来看，我认为这个客户值得我们认真对待，客户希望我们给予一点支持，我们是不是可以在下一次订单中给予客户多一点优惠呢？

总之要说服老板给予回应，而不能没有任何反应，那样的话客户就真的会流失。很多时候，只要处理好客户的情绪，很多问题都能迎刃而解。

📖 撰写跟进内容

根据以上分析和思路，可以这样跟进：

Dear XX,

We are very sorry to receive such feedback, but we have to say that the quality of handicrafts is really difficult to control. The problems you mentioned are normal. If you change to another supplier, you also can't avoid such problems.

（我们很遗憾收到这样的反馈，但不得不说手工艺品的品质确实很难把控。您说的这些问题属于正常情况。换作其他供货商，也同样避免不了这样的问题。——告诉客户这种情况是正常的，让客户不要纠结。）

Although the product is not perfect, it will not affect sales. Our other customers also have such problems, but they can still be sold, so you don't have to worry too much.

（虽然产品不完美，但是不会影响销售。我们其他客户的货也有这样的问题，但是他们依然可以售卖，所以您不必太担心。——再告诉客户不会影响销售，让客户不要太担心。）

You said that you want to sell at a lower price, we understand and seriously consider your proposal. After our company's internal negotiation, we can give you more discounts in your next order to show our support.

（您说要降价销售，我们表示理解，并认真考虑了您的提议。经过我们公司内部的商议，我们可以在您的下一次订单种给予您更多的优惠，以表示对您的支持。——回应客户的要求，给出解决方案。）

Hope you are satisfied with this support method. If you have other ideas, please feel free to let us know, thank you.

（希望您可以接受这样的支持方式。如果您有其他想法，请随时告诉我们，谢谢。——引导客户接受我们的解决方案，或进一步交流。）

Best wishes,

Lica Huang

跟进思路小结

1. 业务员不是单纯的传话筒，当出现难以沟通的问题时，需要在公司和客户之间进行协调，找到平衡点，让公司和客户达成共识。

2. 有时难免遇到有些吹毛求疵的客户，尽管产品不影响销售，但客户的情绪受到了影响，因此要把妥善处理客户的情绪放在首位。只要客户心情好了，什么事都好解决。

第十三章
已成交客户的跟进，促新单问题

◆ 案例一 ◆

如何询问客户收到货物后的情况？

📖 问题描述

给客户发货已经一个月了，估计客户已经收到货了，于是写了两封邮件问他收到货没有，他说还没有收到，等收到了会跟我联系。现在从第三方口中听到客户已经收到货了，所以又写了一封邮件问客户收到货了没有。可他没有回我，我担心再写邮件给他会让他觉得厌烦，我该怎么办呢？怎样写邮件给客户问他货物是否完好、是否需要返单，又不让人觉得厌烦呢？

📖 原因分析

客户已经收到货了，为什么客户没有回应呢？分为两种情况：一种是客户还没有清点完成，还不知道货物的情况，所以没有办法回复你；另一种是客户知道你发来邮件只是为了催返单，有些反感，所以懒得回复你。

针对第一种情况，如果客户刚刚收到货物，货物数量比较大的情况下是需要时间去整理和清点的，用十天半个月时间去清点货物很正常，所以不能操之过急，给客户一些时间整理。

针对第二种情况，如果只是单纯地问客户收到货了吗、什么时候返单，这确实会令人反感，因为你只考虑到自己的利益，只想着返单。尝试站在客户的角度想想，客户收到货物之后，他在想什么？可能在想这批货物有没有质量问题、数量有没有缺少、能不能卖出去、怎么卖出去、需要卖多久、万一产品出现问题该怎么办，等等。

跟进思路

根据我们的分析，最好的跟进时间是客户收到货后 10～30 天。小于 10 天，太早，多数客户还没有清点完货物，这时候询问可能得不到及时准确的回复。大于 30 天，太晚，客户可能已经把心思放到其他地方，都已经忘记你的货物如何，因此也很难得到好的回复。

这个阶段的跟进，应该从售后服务的角度出发，而非催返单的角度出发。售后服务是利他、利客户的角度，催返单是利己的角度，显然利他角度更能被客户接受，不会招致厌烦，沟通也会更顺利。

从售后服务的角度怎么跟进？其实就是询问客户是否收到货物、有没有存在质量问题、有没有需要帮忙的等，从客户的利益出发，为其服务。

为了使售后服务显得专业，我们应该设置售后服务的时限，例如收到货后一个月内任何问题都会被处理，超出一个月将不受理。这样我们便更有理由对客户进行跟进，要求客户在售后服务期内进行反馈。

如果售后跟进没有问题，才能顺便向客户询问返单的相关情况。

撰写跟进内容

根据以上分析和思路，可以这样跟进：

Dear XX,

According to estimates, you should have received the goods. We are not sure if you have already counted them?

（据估算，您应该已经收到货物了。我们不确定您是否已经清点完毕？——询问客户是否完成货物清点。）

Any problems about the goods, you can contact us within 30 days after receiving the goods, we will deal with and solve your problems.

（如果发现任何有关货物的问题，您可以在收到货后30天内向我们提出，我们将对您的问题进行处理与解决。——给客户一个限定时间，让客户在这个时间内给予反馈。）

If it exceeds 30 days, our after-sales department will not be able to handle your questions in time, so please give us timely feedback, thank you.

（如果超过30天，我们的售后部门将不能及时受理您的问题，所以请您给出及时的反馈，感谢。——引导客户及时给出反馈。）

客户的反馈会有两种情况：一种是反馈产品有问题，要求售后，这种情况下我们就积极处理客户的问题；另一种情况是客户反馈没有问题，对产品满意，这时我们就可以询问客户是否有返单意向。关于返单的跟进内容可以这样写：

We are very happy to receive your good feedback. May we know your next purchase plan?

（很开心能收到您好的反馈。我们是否可以知道您的下一次采购计划呢？——引出返单话题。）

Because our orders will increase in the second half of the year, if we can know your purchasing plan, it will help us serve you better.

（因为我们下半年的订单将增多，如果我们能知道您的采购计划，有助于我们更好地为您服务。——从为客户着想的角度找一个理由，让我们的催单看起来更合理。）

Best wishes,
Lica Huang

📖 跟进思路小结

1. 售后跟进的时间应在客户收到货后 10~30 天，不宜太早，也不能太晚。
2. 从客户的利益角度出发，撰写售后跟进邮件，更容易得到客户的回应。
3. 关于售后，最好给出一个时间限制，这样更容易引导客户在限定时间内给出回应和反馈。
4. 先做好售后服务，再询问返单的事宜，这样才不会招致反感。

案例二

客户收到货后给了好评，之后怎么跟进？

📖 问题描述

与客户成交第一单后得到了客户的肯定，客户在邮件中写道："We are very happy to be working with you, and our first order was a success. Keep up the great work."（我们很高兴与你合作，我们的第一个订单很成功。继续努力。）接下来我该怎么跟进，才能让客户返单呢？

📖 原因分析

部分客户如果对货物感到满意，会毫不吝惜赞美之词，这也说明客户比较和善、热情，也更容易沟通。对外贸人来说，应该珍惜这类客户。

但并不是所有的客户对货物满意都会给出好评，有相当一部分客户会默不作声，但是一旦出现问题就立马跳脚。所以，善良的客户并不是随处可见，他们可以说是我们的福气客户，应该认真对待。

📖 跟进思路

给出好评的客户相较于其他客户更好跟进，因为他们更愿意与我们交流。

收到客户的好评，我们首先要感恩客户的信任和支持，然后也要提到售后服务，体现我们的专业素养，哪怕客户对产品很满意，不需要售后，我们也要提到，这样更能赢得客户的好感，最后再询问客户的返单意愿。

撰写跟进内容

根据以上分析和思路，可以这样跟进：

Dear XX,

We are very happy to receive your praise, and we will work harder to provide you with good products and good services.

（很开心收到您的好评，我们会更加努力，为您提供好产品和好服务。——感谢客户并表示会更加努力，以此回应客户的赞扬。）

If you encounter any problems later, you can contact us at any time.

（如果后续遇到任何问题，您都可以随时联系我们。——提一下售后服务，更显专业。）

In addition, can we know your next purchase plan? Since September has entered the peak order season, if you have an order arrangement, please inform us one month in advance, and we will plan your order according to the order situation, thank you.

（另外，我们是否可以知道您下一次的采购计划呢？因为9月开始进入订单旺季，如果您有订单安排，可以提前一个月告知我们，我们将会根据订单情况为您的订单做计划，谢谢。——从客户的利益角度去询问客户下一次的订单计划。）

Best wishes,

Lica Huang

跟进思路小结

1. 对于给予高度好评的客户，我们也要给予同等热情的回应。

2. 首先感谢客户，然后提一下售后服务，最后再找一个适当的理由询问客户的订单计划，这样就能做到有方向地跟进。

案例三

合作过的客户说生意挺好的，但就是不返单，怎么办？

问题描述

我们公司是做婚纱的，客户多数是中间商。最近给合作过的客户打了电话，有的说生意挺好的，有的说现在不采购，但是说生意好的客户也不下单，不知道为什么，我该怎么跟进呢？

原因分析

合作过的客户没有找你下单一定有原因，要么暂时不需要，要么已经和别家合作。暂时不需要的原因包括客户生意不好，库存还有很多；产品盈利不佳，不打算再进货；资金紧张需要缓缓；汇率不好，需要等待好时机；公司经营不善，难以延续等。

另外，我们问客户生意怎么样，很少有客户会说出真实情况，哪怕情况很糟糕，他也会说还行、还不错。也就是说，客户说生意不错，但事实可能并非如此。因此，单纯的询问不会起到有效的推进效果。

若客户真的生意很好，但又不找你返单，最有可能的一种情况是，客户的生意好是其他产品或其他家供应商的产品带来的，所以自然不会找你返单。

跟进思路

单纯地询问客户生意好不好，多数情况下得到的答案是很苍白的，若想继续推进，还需要进一步获取信息。

客户如果说生意挺好的、还不错，我们要接着询问客户我们的产品好不好卖、销售的情况如何。

我们会得到两种答案：一种是"挺好的"，这时我们就要接着问客户的库存还多吗、需不需要补货，进而问出客户的采购计划；另一种是"一般，不是很好"，这时我们就要接着问是因为款式不受下游客户喜欢还是因为产品质量没有达到要求，或者是其他什么原因，问出缘由再对症解决。

客户如果说是款式不畅销，那么就接着问客户现在卖得好的是什么款式，看看我们是不是能提供。如果客户说是对质量不满意，我们要说会反馈给公司，让公司做出调整。

客户如果说生意一般/不好，目前不需要采购，并告知了原因，而且这些原因跟产品无关，这种情况下，我们能做的并不多，通常是给客户推荐性价比高的、能够帮助客户提高销量的产品。如果这些也不能激起客户的兴趣，我们就需要耐心等待。

撰写跟进内容

根据以上分析和思路，可以这样跟进：

我们问：How is your business recently?（最近生意如何？）

客户说：Fine, not bad.（挺好的。）

我们跟进：We are very happy to hear such good news. How about our product sales?（很开心听到这样的好消息，我们的产品销量好吗？——询问客户我们产品的销售情况。）

如果客户回答：It is fine.（挺好的。）

我们跟进：Do you still have too much inventory? Do you need to replenish?（您的库存还多吗？您需不需要补货？——询问客户库存情况。）

It just so happens that our company offers discounts to old customers this month, and it is more cost-effective to place an order this month.（恰好我们公司这个月给老客户优惠，这个月下单更划算。——找一个恰当的理由催返单。）

如果客户回答：Not too good.（不太好。）

我们跟进：What caused the poor sales of our products? Is it because the style is not liked by customers, or is it for other reasons?（是什么原因导致我们的产品销量不好呢？是因为款式不受客户喜欢，还是因为其他原因呢？——询问销量不好的具体原因。）

Can you tell us why? We will solve the problem in order to provide you with products that better meet your needs.（您可以告诉我们原因吗？我们将针对性地解决，以便给您提供更符合您需求的产品。——从客户的利益角度出发，引导客户说出真实原因。）

得知真实原因之后才能正确跟进，才能有效地推进双方的合作。

跟进思路小结

1. 询问客户生意好不好的潜台词是希望对方能返单，所以我们的最终目标是问出客户什么时候能返单。

2. 如果销售顺利，便可以直接询问是否需要补货；如果销售不顺利，还需要探知真实原因，再对症解决。无论如何，都应该从客户的利益角度出发，为客户着想，这样才更容易跟进返单。

案例四

老客户抱怨产品质量差，该怎么回复？

问题描述

昨天给一个很久没联系的老客户发了邮件，今天收到他的抱怨信，说之前从我们公司买的产品质量不好，说电池不行、LED 灯质量不行，并说产品一定要检查后再发货。我们公司是做 LED 灯的，这些订单是之前的同事做成的，同事已经离职，而我刚来公司不久，我现在该怎么回复呢？

原因分析

这个案例中，很久没有联系的老客户，就是因为产品质量问题且问题没有得到妥善解决，所以断了联系。因此我们在跟进合作过的客户时，一定要注重售后服务，有售后服务才有返单。

这么久没有联系了，为什么这会儿客户回复了呢？他一定是有诉求，否则压根儿不会回复你。客户发来抱怨信，一方面是抱怨，一方面是希望问题能得到解决，因为产品有问题，他卖不出去，希望供应商能解决问题。

明白了客户的诉求，我们首先要和公司反映这个情况，看公司能不能支持售后、能支持的售后程度如何，毕竟时间过去很久，要先看公司会不会受理。

如果公司受理，后续跟进会容易一些。如果公司不受理，我们也应当给客户争取一些补偿，哪怕是间接的，例如在客户的下次订单中给予大一点的优惠等，这些优惠要与公司商量，可以说对方是一个不错的老客户，如果不能直接给予补偿，是不是可以给他多一点优惠，开发客户不容易，老客户值得珍惜。尽可能说服公司给予一点补偿，得到公司的支持后就可以回复客户了。

跟进思路

根据公司同意的补偿方案，再利用一些话术让跟进变得顺利一些。公司同意的补偿方案可能是在下一次订单中给出一点优惠，这样的补偿在客户看来可能不值一提，根本不能满足客户的诉求。所以我们跟进客户的角度不是补偿，而是安抚。

因为客户是在之前同事的手里做的订单，按理来说，现在接手的业务员没有义务去理会客户的抱怨和问题，但如果你能很认真地对待这件事情，并且挽回客户的心，也是对自己工作能力的一种证明。

首先我们要对质量为什么差做出解释，另外要向客户说明没有人跟进售后是因为原来的业务员辞职了，然后给客户道歉，最后给出一个安抚方案。

📖 撰写跟进内容

根据以上分析和思路，可以这样跟进：

Dear XX,

I'm sorry to receive such news. First of all, I need to explain to you that I am a new salesperson from the company and your order was dealt with our colleagues, so I am not sure about your situation. The colleague has left, so I have no way to get specific information.

（很抱歉收到这样的消息。首先，我需要向您说明，我是公司新来的业务员，您的订单是与我们同事成交的，因此我不太清楚您的情况。那位同事已经离职，因此我也没有办法了解到具体信息。——首先说明一下自己虽然和之前的订单没有关系，但依然重视客户的反馈，给客户留下好印象。）

The quality of the product is not good, because you bought the previous product, and our current product has been updated, and the quality has been tested and there is no problem.

（产品质量不好，因为您购买的是之前的产品，而我们现在的产品已经更新，质量经过检测没有问题。——说明一下之前的产品质量差强人意，但是现在已经变好了。）

In addition, I have already reported your question to the company. After all, my colleague is no longer in the company, and the time has passed for a long time, the company does not know the specific situation, but the company promises that you can get a 20% discount in the next order. This discount is huge, and it will surely make up for some of your losses.

（另外，我已经将您的问题反馈给公司。毕竟之前负责的同事已经不在公司，时间也过去了很久，公司并不清楚具体情况，但公司针对您的情况，承诺您可以在下一次订单中得到 8 折优惠。这个优惠力度挺大的，想必能弥补您的一些损失。——告知客户我们在认真对待他的问题，并且给出安抚方案。）

We are very sorry for causing you trouble, and hope you can accept our apologies, thanks!

（我们非常抱歉给您造成麻烦，希望您可以接受我们的歉意，感谢！——诚挚地道歉，希望客户接受。）

Best wishes,

Lica Huang

跟进思路小结

1. 对于从其他同事处接手的老客户反馈的问题，响应态度是最重要的，毕竟这些订单不是和现在的业务员成交的，而且时间也过去很久了。客户也明白，现在想要重新实现售后并不太可能，所以客户会抱怨。我们接受客户的抱怨，并积极地对待他反馈的问题，他的气就会消一半。

2. 还要和公司商量一个安抚方案，让客户的怒气值再降低一点，如此这个客户就还有希望挽回。

案例五

已做过一次订单的客户说我们的价格比别人贵，怎么挽回？

问题描述

我有一个客户，之前出过一单货，数量不少，付款方式是 30% 定金、70% 余额出货前电汇，合作过程比较顺利，但客户收到货后就没有回音了，经过两个月坚持不懈的跟进，客户终于回我了，说我们的价格比别人高 10%。

我请示了老板，老板说可以降5%，我要怎么做才能挽回客户呢？

📕 原因分析

这个案例中的客户放弃返单就是因为供应商的价格高。

客户反馈价格比别家高10%，但老板说可以降5%，这样算下来还是比别家高5%，因此并不具有很大的吸引优势。

但基于这样的条件，我们依然需要用话术尽可能挽回客户的心。我们一直都说价格不是决定订单的唯一因素，既然价格上没有优势，我们就要从其他方面提高综合性价比，例如产品质量不错、交期短且准时、服务周到、可提供附加服务等。

客户最终看的还是综合性价比，所以拓宽思路，从多方面入手。

📕 跟进思路

因为合作过，所以双方对彼此有一定的了解，信任度也会比较高。跟进的时候和客户说明愿意给他更低的价格，并把其他方面的优势罗列出来，就有机会挽回客户的心。同时，应该引导和鼓励客户有任何问题及时反馈，避免客户一声不响地就消失了。

📕 撰写跟进内容

根据以上分析和思路，可以这样跟进：

Dear XX,

Very happy to receive your reply. Regarding the price, because you are an old customer, I apply to the company for a reduction of XX dollars for you.

（很开心能收到您的回复。对于价格，因为您是老客户，我向公司申请给您降低XX美元。——首先回应客户说价格高的问题，以表对客户的重视。）

You have purchased our products before, what do you think of the quality of our products? And any suggestions for our services? We are very willing to listen to your thoughts.

（您购买过我们的产品，觉得我们的产品质量怎么样呢？对我们的服务有什么建议吗？我们非常愿意倾听您的想法。——引导和鼓励客户说出想法，有助于把握客户。）

Although our prices are a little higher than others, we are confident in the quality of our products, and our delivery time is shorter than other suppliers.

（尽管我们的价格比别人高一点点，但是我们对产品质量是有信心的，而且我们的交货期也比其他供货商更短。——罗列其他优势，越多越好。）

We will try our best to provide you with rest assured service. Hope you give us a chance and we will try our best to serve you. Thanks.

（我们会尽可能地为您提供放心的服务。希望您给我们一次机会，我们会尽力服务您。谢谢。——表达真诚的合作意愿，拉住客户的心。）

Best wishes,

Lica Huang

跟进思路小结

1. 对于合作过的客户，售后跟进非常重要，良好的售后跟进能让合作继续。

2. 如果老客户突然没有了回音，一定是有问题的，及时的跟进很有必要。

3. 老客户反馈我们价格比别家高，要先看看我们能给到客户什么样的价格，然后再综合其他优势去打动客户、挽回客户。

4. 对于断了联系的客户，再次建立连接的时候，一定要引导和鼓励客户沟通、反馈，只有这样我们才能及时抓住客户。

第十四章
比催单更有效的促单方法——促单 20 式

一、意义：为什么要学习促单？

收到很多外贸人的反馈，说不知道如何与客户沟通，不知道如何谈判，也不知道如何跟进，总之就是不知道如何才能让客户下单。

所以在最后一章我们要讲的是，如何运用技巧和方法促进客户下单，这个过程我们称为"促单"。

为什么是促单，而不是催单，也不是逼单呢？多数外贸人会把催单、逼单、促单理解成一个意思，尽管这三个行为想要达成的结果是一样的，都是希望达成签单，但在实际操作过程中还是有着细微的差别。

我们常说的催单、逼单，目的性都太强了，给人一种压迫感，常常显得急功近利，反而会把客户推远。其实外贸高手在进行所谓的催单和逼单时都懂得掌握分寸和方法，他们称这样的行为为"促单"，促单的核心是推进和促成，意思就是推进订单向前发展，最终促成签单。

为什么说促单比催单更有效？

如果说催单的目的是让客户马上下单，那么促单的目的就是让客户像我们所希望的那样下单。

举一个简单的例子，看看催单和促单的结果有什么不同。

例如，Lucy 有一个客户看中了一款产品，报价是 8 美元，但是客户说价格高，要求降价到 6 美元，可是公司说做不了 6 美元，最低只能做到 6.5 美元。这时 Lucy 为了成交订单，有两种做法，一种是催单，一种是促单。

如果用催单的方式，Lucy 会跟客户说：6 美元太低了，我们做不了，最低可以给您 6.5 美元，您同意的话，我们马上就可以确定下来。

如果用促单的方式，Lucy 会跟客户说：6 美元我们做不了，因为最近物料价格又上涨了，而且我们产品的质量属于中上等，用的不是便宜材料，对于您说的价格高，我们可以做出一些让步，7 美元是个不错的价格，您觉得呢？

我们想一想这两种表达有什么不同？催单听起来有点硬邦邦的，给客户的感觉是你们就想逼我快点下单。而促单的表达更加委婉和丰富，能让客户明白为什么要下单、下单会得到什么好处，从而促成客户自主签单。

再举一个通俗的例子，假如你到店里买衣服，有 A 和 B 两位服务员。A 服务员用催单的方式，说：看得怎么样？很不错吧，要不要买？B 服务员用促单的方式，说：这件衣服质量很好，你看它是纯羊毛的，保暖又不起球，款式也是今年流行款，你穿着显得高挑，很好看。

面对这两种不同的表达，我猜你会更倾向于和 B 服务员成交，因为 B 服务员的表达让人觉得更舒服，更能激发你的购买欲望。因此你也会明白，作为销售者，促单方式更利于成交。

明白催单和促单的区别之后，我们接下来学习外贸谈判中都有哪些有效的促单方法。

二、方法：促单 20 式

你是不是经常遇到这样的问题：客户明明说了要下单，但是下一秒又不见了，发信息不回、发邮件不看、打电话也不接，或者直接告诉你不要再打电话过来，有需要会找你的。

客户无情而决绝，你也觉得很受伤，但是你有没有想过为什么会这样？我知道你现在可能一脸迷茫，但我可以直接告诉你，每个人都会遇到不回复的客户，但有些人能转化成订单，而你只是没有用对方法。

具体问题都应该具体分析，但是方法和技巧也是有规律的，方法论都是从实践中提炼的。现在我们就来学习我根据外贸实践总结出来的"促单20式"。

1/2 式：分析拆解、优缺对比法

第 1 式：分析拆解法

这种方法常用在客户提出价格高，要求降价的时候。

我们要知道，客户提出价格高通常有两种情况：一种是我们的价格可能真的比同行的价格高；另一种是我们的价格并不高，但是客户想要砍价，想得到更多优惠。

不管是哪种情况，我们都不能只一味地强调我们的价格不高、这个价格是很合理的。这样的表述如白开水一般平淡无味，没有任何说服力。

这时候我们应该分析价格、拆解价格，然后展示给客户，告诉客户为什么是这个价格。例如，告诉客户我们用的是什么材料、使用了什么工艺、外观设计有哪些巧妙的地方、运用了哪些先进的技术、改进了哪些缺点、产品的卖点是什么，等等。把我们能想到的尽量分析、拆解，让客户看到具体的东西，让客户明白为什么我们的产品是这样的价格，从而引导客户真正地认同我们的价格。

举个例子，曾有一位业务员问我：维尼，我们是做家庭监控摄像头的，我有一个客户问了很多款产品，每次给他做了形式发票之后就再也不回复我了，我该怎么办？

我问：你知道客户不回复的原因吗？

她说：客户觉得我们的价格太高了，因为我们是贸易公司，产品都是外购的，而且我们推荐的产品都是质量不错的，所以客户接受不了我们的价格。

我说：试着把你们的产品价格拆解出来，例如镜头是索尼的、机芯是大康的、机身使用磨砂防滑工艺等，把它们细致地展示给客户。如果客户是行业老手，他一看就明白了，很容易博得认可；如果客户是行业新手，他会认为你这个做法很专业，值得信任。

同时，我们还应该知道，价格比同行高出一点，并不是影响客户下单的最关键因素，所以我们不要过分纠结于价格。对于客户而言，性价比更重要，而性价比包括的不仅仅是价格，还有产品质量和服务，以及销售人员的专业能力。面对客户说价格高的时候，拆解价格展示给客户，也是显示我们专业能力的一种方式。

第 2 式：优缺对比法

这种方法常用在客户提出为什么另一家的价格比你们低的时候。

客户总会不可避免地货比三家，而且同行之间竞争很激烈，被客户拿来和其他竞争者比较也是非常正常的事，只是我们要知道怎么去应对这样的情况，才能使客户的购买意向偏向我们。

如果客户能告诉我们具体是哪个竞争者，我们可以从竞争者入手，查看他们的官网、阿里巴巴主页等，收集他们的价格信息、产品信息、公司信息等。然后把收集到的信息整理成一张表，和自己公司的情况进行对比。对比表格能让我们的优势更加直观地展示给客户。

这个对比表格的精髓在于：用我们的优势对比别人的劣势，扬长避短。但要注意的是，我们的优势和对方的劣势都应该是客观存在的，而不是凭空捏造的。

如果客户没有告诉我们具体是哪个竞争对手，也没有关系，我们就收集市面上其他同行竞争者的信息，再做成对比表格。

你可能会想，作为外贸公司，哪里有优势？如果你这么想，只能说你还没有深入了解你们公司。我们说存在即合理，每个公司都有立足的根本优势，如果你认为你们公司没有优势，那么请仔细挖掘，或者问同事、问老板，收集到信息再来做对比表格，而且优势要尽量多写，最好能附上图片，增加可信度。

只要客户拿我们和别人做比较，就可以用对比表格回应客户。我曾经就是用这个方法搞定了一个非常爱比价的越南客户，他的性格是非常纠结的，总是会考虑很多，每次在下订单之前，都会来来回回对比很多家供应商，对比之后才会决定在哪一家下单。我相信这样的客户绝不在少数，跟进这类客户最好的方式就是主动替他比较，做出对比表格，直接展示给客户。这个做法，对客户而言是节省时间的，因为他不用再去一个个比较和询问；对于我们而言，可以巧妙地扬长避短。

掌握以上这两种促单方法，在客户眼里你就是专业的。

3/4/5 式：委婉询问、揣测询问和具体询问法

我们经常会在和客户谈单的时候卡住，是什么原因导致的，多数时候我们不知道，客户也不会主动说明，所以如果想要使谈判继续，我们就要主动开口，打破寂静。

这种情况下，可以用到三种询问促单法，也就是"促单20式"中的第3、第4、第5式。

第3式：委婉询问法

这种方法常用在沟通过程中卡住，没得到客户的回复且不明原因的时候。

例如，当我们跟客户谈好了价格，也谈好了付款方式，看似一切都没有问题，奈何客户就是没有付款下单，卡在那里，问客户什么时候下单客户也不回复，不知道如何向前推进。

这时我们就要用到委婉询问法，委婉询问客户的想法和意见，引导客户回复，试图找到突破点。

我们可以这样问客户：是不是遇到了什么问题？我们能为您做什么吗？

如果客户有合作的意向，但真的遇到了什么困难，经我们一问，客户就会回复。

我们还可以这样问客户：旺季到了，工厂接了很多订单，我们的生产进度非常紧张，如果您这两天有下单计划，要不要先留一条生产线给您？如果客户近期真的有下单计划，就会回复了。

我有一个还不错的德国客户，这个客户很直接，有什么需求会直接提出来，所以我们的沟通效率算是比较高的。但我忽略了客户对细节的要求，产品说明书上有一个功能描述错误，客户跟我说过，但因为我认为产品和价格以及其他方面都是满足客户需求的，所以说明书上的"小问题"就被我忽略了。

跟进了一段时间之后，客户突然就没有回音了，然而我根本没想到是因为说明书的原因，在此之前也没有任何客户提到过这个问题。在我百思不得其解的时候，我委婉地给客户发了信息，问：是不是我们哪里做得不好？或者是您还有什么疑问？能不能说说您的想法，我们一定会积极响应和解决。就是这样一条信息，让我赢得了和这个客户的合作。客户看到了信息，终于回复了，说：之前跟你们说过说明书有错误，但你们没有改正。

得知真正的原因之后，我立即向公司反馈，公司也很快地解决了这个问题，这个客户也就这样顺利地做下来了。

第4式：揣测询问法

这种方法常用于沟通过程中卡住，客户没有回复但有可能的指向原因的时候。

揣测询问法和委婉询问法相似，但是应用的前提不一样，委婉询问法的前提是客户不回复且不明原因；但揣测询问法的前提是客户虽然不回复，但是大致能猜到客户因为什么原因不回复。

揣测询问法，说白了就是沟通卡在什么地方，就从什么地方问起。

例如客户问我们价格，我们报价之后，客户就再没回复。这很可能是卡在价格上了，所以我们应该问：是不是我们的价格没有达到您的要求？可以说说您的期望价格吗？我们可以谈谈。

又例如客户对价格没有问题，但是问到了付款方式，我们回复客户之后，客户就没再回复。这很可能是卡在付款方式上了，所以我们应该问：是不是付款方式不合适？我们可以谈一谈，选一个您更偏向的付款方式。

再例如客户向我们要了样品，我们也把样品寄给客户了，但是后面就没有回音了。这很可能就是卡在样品上了，所以我们应该问：是不是样品出现了什么问题？需要我们的帮助吗？

通过这样的询问，客户就会回复我们。我们再根据具体情况进行回复，与客户重新建立连接。

第5式：具体询问法

这种方法常用于沟通过程停住，客户总让等消息的时候。

例如有一个客户，他拿到样品后回复说他们还缺一个检验样品的设备，等设备到了，检验样品之后再给我们回复，让我们等消息。

这种情况下，我们要怎么跟进？跟紧了，会招客户烦；跟不紧，又怕把客户弄丢。

多数小伙伴是这样跟进的：请问设备到了吗？测试我们的样品了没？有没有什么问题？这样的问法得到的客户回复很可能是：别急，不要催，到了会跟你说。我们也不敢再继续问，导致沟通停止。

我们应该这样问客户：预计什么时候设备能到呢？把问题具体化，既然说了要我们等，那我们就问具体等多久。这样客户就会回复一个大概的时间。于是我们就能做到心里有数，等到了时间再去询问客户。

运用具体询问法，问到客户具体的信息，可以避免无意义的等待和盲目的跟进。

以上三种询问方式可以打破客户不回复的局面，让沟通得以继续。

6/7/8 式：优惠吸引、同行刺激和大客户激励法

有些时候，客户不回复，不一定是遇到了什么问题，而是购买动力不足，这时候我们要给他"加点油"，引起他的关注，进而促成成交。

促单 20 式中的第 6、第 7、第 8 式，可以帮助我们激发客户的购买欲望。

第 6 式：优惠吸引法

这种方法常用于开发新客户，或重新吸引断单的老客户。

没有客户不喜欢优惠，因为优惠能直接给他们带来利益。因此我们可以用节日优惠促销、库存产品优惠促销、免费样品、免费配件等，吸引客户注意。

节日优惠促销是指在某某节日做产品优惠促销活动。可以是中国节日，也可以是国外的节日，例如我们的国庆节、国外的圣诞节，或者是电商节，例如"双 11""双 12""6·18"等，还可以是自己设置的节日，例如周年庆、年中庆、老客户回馈节等。记住，节日只是我们推广产品的一个由头，至于是什么节日，并没有那么重要。

库存产品优惠促销是指商家不定时地清仓甩卖或者断码促销。它也是一个推广产品的由头，但是需要真实地处理库存，优惠力度通常要大于节日优惠促销。

免费样品是指给客户免费提供试验的样品，方便客户查验产品质量。这是外贸活动中常用的一种推广产品的方式，而且国外客户也很乐意接受。如果公司能给一些潜在的客户提供免费样品，是有助于推进沟通的。

免费配件是指给客户免费赠送一些产品的配件。有些产品是由很多零件组成的，例如摄像头、自行车，如果客户下单，我们可以给客户赠送一些零配件作为备用或者客户可以拿来作为小礼品送给他的客户。这些细节虽然细小，但很重要。

对于新客户，要抓住优惠吸引的机会推销产品和公司，尽可能给客户发

送清晰的产品图片、公司的介绍视频，以及产品的演示视频，甚至可以远程视频演示产品，尽量减少枯燥的文字描述。

我们还可以借机收集新客户的信息，例如我们以提供免费样品为由，要求客户填写《样品客户信息表》，其中包括客户公司的基本情况、每月的采购量、每月的销售量、采购最多的产品、联系方式等。

对于断了合作的老客户，提供优惠的同时还要趁机推销新品，并对客户做一个调查，了解客户的近期情况，促成新的合作。

第 7 式：同行刺激法

这种方法常用于有意向购买，但不急于下单的客户。

客户不急于下订单，要么是利益诱惑不够大，要么就是危机感还不够强。利用客户的同行刺激一下客户，激发他的危机感是一种不错的促单方式。

客户的同行，也就是他们的竞争者。客户既是采购者，也是销售者，他们也怕竞争。如果在同一个市场、同一个地方出现了抢先的竞争者，无疑会给客户造成压力。

例如一个印度客户喜欢某款产品，说想要下单，但是因为某些原因，一直拖着不下单。

这时，我们可以收集他同行的信息，也就是收集印度市场的情况，如果自己有印度客户，可以跟客户说：你看，某某客户跟我们购买的某某产品销量很不错，最近又准备下单了。

如果自己没有印度客户怎么办？借用公司同事的客户也可以，当然，借客户只是借客户名义，而不是要抢走同事的客户，这个要事先跟同事商量好。

当然，客户也不容易被忽悠，多数客户会让你告知具体是印度的哪家公司在采购。

为了达到刺激客户的效果，我们需要向其展示同行的信息，但是我们展示的信息应该是犹抱琵琶半遮面的，露一半、遮一半，重要信息需要遮盖，比如公司全称、公司地址、联系方式、付款方式等。原因有两个：第一，我们有义务保护合作客户的隐私；第二，如果是借用的客户，也不容易露馅。

如果我们说的这个同行并没有给客户直接造成危机感，那也没有关系，客户得知同一市场有人在销售这款产品，也会更加关注我们。

第8式：大客户激励法

这种方法常用于对产品和公司信心不足的客户。

如果我们和一些比较知名的大客户有合作，例如百货类的沃尔玛、运动装类的李宁、电子产品类的华为和联想，或者是客户所在地比较大的进口商等，我们就能以此为突破口，告知客户我们与这些大客户合作过，侧面证明我们的产品和公司都是值得信赖的。因为能与大客户合作的公司，肯定不赖。

我遇到过一个有实力的加拿大客户，客户的公司在当地的安防行业小有名气，因为客户正在积累口碑，所以非常注重产品质量以及售后保障服务。我们是工贸一体的公司，各方面算是基本符合客户的要求，但是客户只是问了一些基本的报价和公司信息就没有回音了，我用揣测询问法问出了客户正在了解和筛选供应商，而且已经有比较中意的供应商了，只是还没有正式合作。只要没有正式合作，我们就还有机会。因为知道客户非常注重产品品质和公司信誉，那么我从信誉下手总是没错的，我给客户发了一封邮件，邮件里没有一句话是介绍我们产品的，只是在介绍我们合作的一个在美国的大代理，虽然加拿大和美国并不是一个国家，但在地域上是挨着的。果然，这封邮件引起了客户的兴趣，客户说他知道这家美国公司，因此有兴趣多了解一下我们公司，不久客户就主动约了看厂。

以上三种方法可以用来激发客户的购买欲望，促使客户有进一步的动作。

9/10式：参考决策、抛掷选择法

总会有一些客户犹犹豫豫，纠结来纠结去，拿不定主意，订单也在徘徊中不知所踪。这样的客户一般是一些中小型公司的老板，任何事情都需要他来决策的时候，他个人是很疲劳的。

这时我们扮演的角色就不仅仅是一个销售者，更多时候是一个助手，帮助客户解决一些疑惑，并且制订好方案，让客户一看就可以很快拍板做决定，而不是让客户花很多的时间和精力去了解、去比较、去考量。

促单20式中的第9、第10式，就是用来指导我们辅助客户下单的。

第9式：参考决策法

这种方法常用于缺乏想法、犹豫不决的客户。

很多人应该有过这种体验：逛商场选购衣服的时候，看得越多越不知道怎么选了，或者自己也不了解这些衣服哪个好、哪个不好，不知道如何选择。

客户也一样，当客户对自己的需求不够明确，或者看过太多的产品，有点眼花缭乱时，就需要有人给出参考意见，帮助客户做决策。

我有一个俄罗斯客户是自己创业，刚刚成立起五六个人的小团队的时候，因为其他人都是刚接触安防这个行业，对产品和行业都不熟悉，所以基本要依靠客户一个人去操劳大小事务，包括账目记录等小事都需要他亲自把关。我知道，这个时候客户太需要一个懂行的助手帮他分担了。于是，每次客户要某些产品报价的时候，我都会直接在产品报价后面备注产品的优缺点、付款方式、注意事项等，方便客户直接了解他想知道的信息，替他省去询问的时间。最后我还会提出一个参考意见：我认为A产品更适合您的市场，价格不是很高，但是外观比较优美，比较适合您的客户群体。尽管有些产品的报价是偏高的，但是这个客户都没有计较，基本上是客户询价，我报价，来回两三天内就会确认付款。这个时候相比于产品价格，客户更在乎的是谁能帮他节约时间、谁能成为他的帮手。

第10式：抛掷选择法

这种方法常用于督促客户做出选择。

有时候客户心中已有主意，只是不急于做出选择，或者在两者之间摇摆，这时候我们要推他一把，制订二选一的选择方案，促使客户快速做出选择。

比如在跟进时直接询问：您喜欢什么颜色，蓝色还是红色？您喜欢什么付款方式，T/T（银行转账）还是 L/C（信用证）？您打算什么时候付款，周四还是周五？

这样的话，客户只能二选一，我们就可以得到确切的答案。

这种方法更适合在即时交流的情况下使用，例如展会上、去客户家拜访时、客户来公司拜访时或者是在电话里，因为这样的选择需要快速做出，如果是发邮件或者是留言，很难达到很好的效果。

在一次展会上，有一个新加坡客户来到我们公司的展位上，我和他坐下来聊了半个小时，从产品款式到售后维修等细节都聊完了，但客户唯独没告诉我要选 1080P 还是 720P 的摄像头。因为这两种摄像头的价格是不一样的。为了获得客户的准确需求，我问了以下两个问题：您的客户是属于低消费人群还是高消费人群？您的客户一般都把摄像头安在屋内还是屋外？客户的回答是低消费、屋内。

经过这样的询问，我基本知道客户需要的是什么了，于是跟客户说：720P 的摄像头就符合您的需求，因为您的客户都是在屋内使用，屋内的环境比较稳定，720P 的摄像头就够用了，而且 720P 的价格也比较低，符合您的客户的消费水平。客户思量了片刻，认可了我的建议，于是在展会现场订购了一万台 720P 的摄像头。

客户犹豫摇摆肯定是因为他心中缺少一个确定的主意，这时候只要我们推一把，订单就能成。

11/12 式：时间倒推、风险预告法

你有没有遇到一些客户，有明确的下单意向，但就是不着急付款？货款迟迟不落袋，业务员很着急，但是客户多数都是再等等的心态，至于在等什么我们也不得而知，可能是客户本身就是慢性子，或者他们的工作节奏就是这么慢。

对于这种客户，尽管我们知道他慢，但也不能让他太慢了。我们国内的

节奏是很快的,今天是这个价格,明天可能就涨价了,或者今天工厂还有剩余产能,明天可能就排不进产线了。为了早点落袋为安,抓紧安排生产,一些促单技巧还是要用上的。

促单 20 式中的第 11、第 12 式就是用来催促客户下单付款的。

第 11 式:时间倒推法

这种方法常用于提醒客户下单。

对于有意向下单的客户,我们要为客户推算时间,要问客户:什么时候要货?什么时候货要到目的地/目的港?

例如客户说想在 4 月 20 日收到货(到目的地),那么我们可以反推:如果 4 月 20 日要到目的地,船运需要 15~20 天,生产需要 15 天,那么 3 月 15 日就要确定生产,电汇需要 5 天到账,也就是说 3 月 10 日就要安排汇款,因此要在 3 月 10 日之前确认好形式发票等订单细节。

很多时候客户对这些时间安排并不如我们了解,而且客户习惯于被服务,很多时候不会主动去想这个订单要如何操作,除非特别紧急。

我有一个荷兰客户,下单时正好遇上圣诞节,当天他们全家人聚餐很欢乐,还给我发了聚会照片,我当时考虑到客户想要在翌年 1 月 20 日收到货,所以只得打电话给客户说今天就要付款了,因为做货要 10 天,发运差不多要 15 天。通常情况下,假期客户是不会理会订单相关的事情的,但由于客户是真的希望在 1 月 20 日之前拿到货,所以圣诞节当天他就去银行给我们打了款。

由此可见,客户并不是真的慢,只是需要我们从他的角度提供实在的建议,有了建议之后他还是会抓紧安排的。

第 12 式:风险预告法

这种方法常用于提醒客户下单。

可以提前告知客户可能存在哪些风险会影响其利益,从而让客户提前做安排。

所谓的风险包括：原材料厂通知，下个月起，原材料将涨价；基于近期的国际形势，汇率可能又要上升了；刚收到货代通知，下个月就是旺季，到时候发货要排仓；工厂的零件材料不足了，需要采购，再晚的话要多等10天；还有一个月要到春节假期了，我们放假12天。

在风险预告后，再问出我们想要知道答案的问题：所以，您是不是要提前安排下单？

这个方法很常用，但是很多人可能都会忽略风险预告的真实性，也就是说这个风险必须是真实存在的，而不是胡编乱造的，因为客户也很精明，假话很容易被拆穿。

曾有一位小伙伴向我咨询：维尼，我想催一个客户下单，说某某物料价格要上涨了（其实物料价格没有上涨，这只是为了催客户下单想出来的理由），没想到客户是个"中国通"，他直接截图给我行业网站上的信息，说物料没有涨价反而降价了，现在客户不理我了，怎么办？

怎么办是后话，这里我们要强调的是，你说的风险一定要是客观存在的，否则就是欺骗。做生意的最大禁忌就是不诚信，生意人不能失信。当然这位小伙伴初次犯错，还有挽回的余地，我告诉她只要真诚地跟客户致歉，说自己看错了，承诺以后严谨做事，诚请客户原谅，就还有一线希望。

过几天这位小伙伴高兴地给我留言，说客户原谅她了，他们正在谈付款事宜。

所以一定要从客户的角度出发，真切地为客户考虑利益问题，这样"催"就会变成"促"。"催"是不顾过程，只想要结果；而"促"是既要好过程，也要好结果。

13/14 式：情感联系和情感预支法

我们与客户之间一定是双向的沟通，而且我们与客户的关系绝对不是单一关系，客商（客户—供应商）关系金字塔总共分为三层。

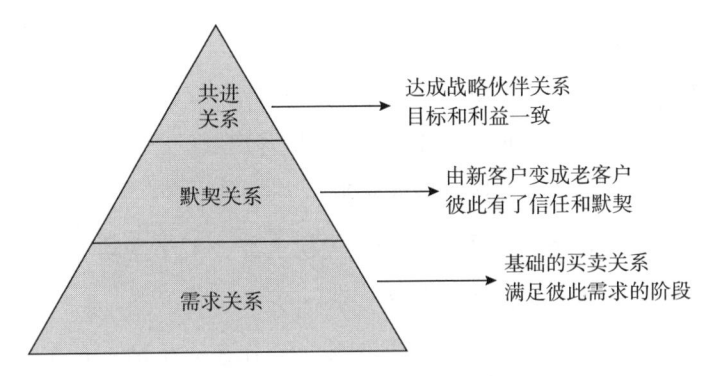

```
         共进
         关系          → 达成战略伙伴关系
                         目标和利益一致

       默契关系        → 由新客户变成老客户
                         彼此有了信任和默契

     需求关系          → 基础的买卖关系
                         满足彼此需求的阶段
```

图 14-1　客商关系金字塔

底层的关系是需求关系，是指基础的买卖关系，是纯粹的"你需要货，我能供货"的关系，此时客商还没有建立起情感连接。

中层的关系是默契关系，是由最初的合作、磨合、沟通、解决带来的信任和默契，此时客商自然而然建立起情感连接。

顶层的关系是共进关系，是比默契关系更上一层的情感连接，是可以做到"共进退、共存亡"的关系。

超过一半的外贸人还停留在需求关系层面，也就是手中只有不稳定的新客户；一部分外贸人能达到默契关系层面，即手中有一些忠实的老客户；只有极少数外贸人可以达到共进关系层面，即与客户成为战略合作伙伴。

作为供应商，我们当然希望能与客户达到共进关系的层面。在这个层面，客户的订单量和黏度都是最大的。

但这三层关系是需要层层递进的，不能从底层直接越到顶层。这三个层面之间是通过什么媒介实现递进的呢？那就是在这一节要讲到的"情感"。

促单 20 式中的第 13、第 14 式就是用来增进客商关系的。

第 13 式：情感联系法

这种方法常用于与新客户建立情感联系，与老客户增进感情。

很多时候，我们可能谈完了订单就不知道跟客户聊什么了，甚至压根儿没想过要跟客户聊除了订单之外的话题，所以导致我们张口闭口都是钱和订单，缺乏一些亲近感和人情味。

怎么样才能跟客户自然地聊起来呢？这里分享几个思路。

1. 节假日/特殊日子问候：比如每周末给客户发一些有趣好玩的视频或笑话，在客户生日或纪念日发送真诚的祝福。

2. 分享行情或汇率、关税的变动：关税上涨、汇率变动、物流成本上涨或原材料价格上涨等情况，都是客户会关心的。

3. 在社交网站分享日常生活：我们除了工作还有生活，真实、有温度的日常生活分享能让客户更了解我们，也更容易拉近距离。哪天发现了一个共同的话题，就能聊起来。

4. 请客户帮忙做一些除订单之外的小事：请求帮助也能更快地拉近距离，而且有很多客户也愿意帮忙。曾有一个业务员请教客户西班牙语的翻译，客户表示很愿意帮忙，而且后来他们越聊越投机，顺利推动了一个订单。

5. 送小礼物：俗话说"礼轻情意重"，不管是新客户还是老客户，见面时先送上小礼物，或者在中国传统节日给客户邮寄节日礼品，都能起到拉近距离的作用。

6. 帮助客户处理订单之外的小事：除了订单，总是还有很多其他事情可以帮到客户。比如曾有客户在网上看到了一个很有中国特色的小玩具，说想买给自己的孩子，但是他们那边买不到，要求我们帮忙购买。我们很爽快地答应了，帮他买到礼物后和货物一起邮寄给他。

总之，我们应该与客户多建立情感联系，这对维系合作和增加订单都有显著效果。

还有一点需要注意的是，我们与客户的沟通、交流应该是真诚的、用心的，而不是敷衍的。例如节假日的祝福短信，"My friend, Happy New Year!"（我的朋友，新年快乐！）和"Happy New Year, David! Best wish to your family and little Kitty Cat!"（新年快乐，戴维！向你的家人和小猫咪送上诚挚的祝福！），我们对比一下这两条短信，显然是第二条更好，有客户名字，还提到了他家的宠物猫，这样的短信就显得是专门发送的，效果会更好。

第 14 式：情感预支法

这种方法常用于向客户提前邀单，以达到自己的业绩目标。

使用情感联系法与客户建立情感连接，就是为了用在这里。为完成公司业绩，或为自己争取荣誉，需要客户提前下单，这时我们就要请求客户支持我们完成目标。

情感预支法对于老客户通常都没有问题，但是对于情感积累不深的客户，就不能用这个方法，尤其是刚刚建立联系的新客户，因为情感积累得还不够多。

当然，用这种方法还有一个前提，就是客户是有需求的。也就是说能用这种促单方法的前提有两个：一个是老客户，一个是有需求。二者缺一不可，缺了任何一个，这个方法都行不通，并且会造成负面效果。

提前邀单等于让客户打破自己的节奏来配合你，属于情感支出，所以我们要谨慎支出，更不能透支，这跟我们与朋友的相处是一样的，要把握好度。同时，我们平常也应该往与客户的情感账户里多存一些。

我的一个美国客户，为人直爽，初次下单就很爽快，返单两三次之后，基本上我发形式发票过去客户就会打款过来，很多时候订单的小细节都不用确认。当然，我会发邮件给客户，告知客户需要确认什么信息，比如颜色和质量，但是客户都会直接回一句："You decide."（你来定。）。这个客户就是这么随意和爽直，而且我们的合作也没有出现过问题。我们经常会在通信软件上分享日常，例如今天去跟朋友聚餐了、今天炒了什么菜，甚至有时候我就拍一张天空的图片发给他，说"The sky is so beautiful！"（天空真美！）。这让我和客户很亲近，也彼此信任，每当我月底拼业绩需要他支持的时候，他都会很爽快地打款过来。

这里还有一个细节，就是我们请求的客户支持是要在客户的能力范围内的，例如客户每次下 10 万美元订单，那么 3 万美元就是客户能支持的力度。因为客户提前打的款一般会算作下一个订单的定金，他们也需要走流程，也需要向财务报备，所以千万不要狮子大开口。

掌握了这两种情感互动方式，有助于增进我们与客户的亲密度和信任度，也会间接促进订单量的增加。

15/16 式：利润差额、比货折中法

客户的性格和背景各有不同，你总会遇到一些不常见的客户类型，例如购买清单很杂的小客户，还有一些很难搞的专业客户。

促单 20 式中的第 15、第 16 式，就是用来应对这类客户的。

第 15 式：利润差额法

这种方法常用于对市场不了解、对产品利润不清楚的客户。

有些客户压根儿不了解行情，他们有可能是刚刚进入这个行业，也有可能是代替他人采购，他们自己对产品价格以及行业情况并不了解。

这样的客户除了关心产品质量之外，最关心的还有售卖这款产品能给他带来多少利润，如果我们能直接告诉客户，卖我们的产品他能获得多少利润，就很可能会打动他。所以我们可以把网上的零售价截图发给客户，一方面可以直观地让客户看到市场上正常零售价是多少，另一方面也能让客户了解到中间的利润是多少。

对此你可能有疑问：零售平台上同一款产品的价格有高有低，应该参考哪个价格呢？

具体操作是这样的，我们会收集 50 家同行的价格，然后分析他们的价格在哪个范围最多。例如收集 50 家拖鞋的零售价，有 8 家高于 30 元，6 家低于 20 元，剩余 36 家都在 20～30 元的范围内，那么 20～30 元就是行业的正常价格。然后再从这 36 家中挑出几家作为参考。当然，你可以收集 60 家、100 家的价格数据，数据越多，结果越准确。

我有一个荷兰客户很可爱，他是一个六十多岁的老爷爷，他有一个零售店，时不时会进口一些商品。因为零售店是老爷爷从年轻时候一直经营的，

在他们镇上是一个地标性的存在，所以生意一直很稳定。他要购买的东西很多样，一会儿是儿童手表，一会儿是滑板车，没有固定的购买清单，我作为他的一个采购，任务就是帮他采购各种商品，但每次他最纠结的就是利润和零售定价的问题，所以我每次都会收集市场信息给他发过去，告诉他这个大概卖多少钱、那个是什么价格、大概有多少利润。他收到信息后会自己估摸一下，认为可行就会付款过来，从2017年到现在我们一直保持联系。

如果你也遇到这样不清楚行情的客户，可以帮助客户查看市场，一方面增强客户对你销售能力的认可，另一方面也是在帮助自己了解市场。

第16式：比货折中法

这种方法常用于谨慎的、喜欢比货的客户。

这类客户是正常的买家，不会对质量特别挑剔，也不会一味地追求低价，也就是说客户更关心性价比。

一般情况下，我们会首推质量好但价格也高的A产品给客户。如果客户喜欢，那皆大欢喜。如果客户不喜欢，或者对比了其他家的货，说我们价格偏高，那也不要紧，我们会再给客户推荐价格低但质量相对一般的B产品。这时候客户肯定又不满意了，因为质量没达到要求。

最后我们会向客户推荐一款价格比A低、比B高，但质量与A差不多的C产品。这时，客户就会选择C产品，因为对比之后他发现C产品的性价比最高。这就是我们的谈判策略。

我有一个西班牙客户，他是一个行业老手，因为他们原有的供货商出现了问题，所以找到了我们，说明需要紧急购买2000台球型摄像头。我能感觉到客户非常老练，因为他直接要求我把最好的球型机价格报给他。我给他报了600美元一台，他说太贵了，说某某公司才560美元，这时我知道客户还联系了其他供应商。为了拉住客户，我用了促单第2式，做了对比表格发给客户，让客户的意向慢慢偏向我们。但是客户很谨慎，依然觉得价格高了。这时我故意找了一款价格偏低的，跟客户说这款500美元，但镜头不是索尼的，是国产的。客户又说不想要国产镜头。于是我又找了一款，价格 570 美元，也是索尼镜头，只是其他方面不如 600 美元那一款。客户思量片刻，跟我说就要 600 美元那款了。

从客户联系我到客户付款，只用了 2 天时间。沟通效率之所以很高，是因为我知道这样的客户就应该用这样的策略，况且他是急需购买，所以跟进节奏要紧凑。

17/18 式：假定签单、话题引出法

会有很多种情况导致客户延迟付款，对于不同的前提和背景，我们的促单方法也应该灵活多变。

促单 20 式中的第 17、第 18 式，就是两种委婉催单的方法。

第 17 式：假定签单法

这种方法常用于已表现出购买意向，但迟迟未付款的客户。

之前已经把各种细节都确认无误，客户也明确表示要下单，但就是迟迟没有付款，造成这种情况的原因有可能是客户遇到了问题，或者客户不着急，总之我们不知道为什么客户不下单。

在客户口头同意签单或在客户签单意向很高的情况下，我们可以用假定签单法来促单。

假定签单是什么意思呢？就是假设客户已经付款下单，正常情况下客户付款之后的跟进流程是怎样的，就怎样进行。

例如一个客户明确说了会下单，我们就假定他已经付款下单，接下来应该是安排生产事宜，所以我们就可以从安排生产这方面问客户一些问题。例如，"您什么时候想要货？物料已经准备好，随时可以启动生产。""您还有没有什么问题？没有问题的话，我们将准备生产的物料。""您看中的那款产品，物料不足了，是不是要先排生产计划？""您如果汇款了请发水单给我们，收到水单就可以马上安排生产了。""我们的产线这两天空出来了，要帮您先预

定产线吗？"

当然，理由肯定不止这些，也不一定局限于安排生产这样的说法，我们需要结合当时的情况，想好这个促进客户往下走的理由。

当我们这样装作若无其事要往下面进行的时候，如果客户遇到了什么问题，或者还没有拿定主意，客户就会说出来，我们也就能知道卡住的原因。若客户遇到了问题，我们就帮助他解决问题；若客户还没有拿定主意，那就使用促单第 9 式或者第 10 式帮助客户明确购买需求。

我有一个英国客户，人很好说话，确定订单也很利索，在过去半个月的沟通过程中，我能感觉到客户是真实有购买意向的。当谈好所有细节，等待客户付款的时候，客户却迟迟没有消息，于是我也没有表现出很着急，我只是假设客户已经付款下单，按正常流程跟进，发邮件问客户："我们这两天恰好来了一批优质的外壳，正好可以给您安排生产，您认为什么时间给工厂排单比较合适？"（同时还附了一张仓库里物料的照片，让我的说辞更可信）。

没想到客户很快就回复了，说他只是公司的一个采购，确定订单付款还需要他的老板同意，他的老板出差了，预计 3 天之后才能回来，所以需要等待。

我立马回复说："好的，我们愿意等待您的消息。3 天时间，物料应该是充裕的，等您的老板回来了，我再跟您确认物料情况。"

3 天后，客户主动发邮件过来说："我们准备付款，你们物料情况如何？"

我回复："我确认过了，物料充足，请您付款吧，我们今天安排生产。"

大约 2 小时后，客户发来了银行水单。我也开始准备各种单据，为生产做准备，等客户货款一到账，立即可以生产。

这里我要说一下，一般电汇是 3~5 天到账，我们收到客户水单不会立即生产，因为水单也有可能造假。对于新客户，一定要等货款到账才能真正生产，但我们也还是要跟客户说付款了立即安排生产，这是一个促单技巧。对于合作过多次的客户，则不需要这么麻烦，通常收到水单就可以生产了。

假定签单是很巧妙的，是一种非常委婉的催促，也是从客户角度出发，所以不会引起客户反感。当然，这只适用于意向很高的客户，如果是没有购买意向的客户，就不能使用这种方法。

第18式：话题引出法

这种方法常用于向合作过的客户抛出新话题，自然衔接到订单问题。

如果一味地聊订单，或者一开口就问订单情况，很容易招客户厌烦，所以我们要想想怎么开启话题不至于让客户反感。

能让客户不反感的话题一定是对客户来说有价值的，例如以下几种。

话题1：尊敬的客户，您好，我最近遇到了一个投诉，是投诉我们的产品问题的。这个问题很容易出现，我想我应该告诉您，让您规避掉。

客户会好奇是什么问题，然后我们就可以顺势聊下去：一个客户把产品放在地下仓库，因存放不当，导致产品受潮，产生了变质，所以您一定要注意把产品存放在通风干燥处，您往后的订单我们也会替您做好干燥工作。

需要注意的是，这一话题引出的前提是，投诉是操作不当导致的，而不是产品本身的质量问题导致的。

话题2：亲爱的客户，您好，这是我们的《客户意见反馈表》，请您有空填一下。

《客户意见反馈表》中会包含对产品的满意度、对业务员服务的满意度、对交货期的满意度、对售后服务的满意度、合作的次数、继续合作的意向程度、提出建议等。这样可以很自然地收集到客户对我们的评价，接着就可以自然地衔接到订单问题，比如"您上次采购的那批货怎么样？有没有出现问题？"

一般情况下，客户都会回复说暂时没出现问题。这时就可以追问："好的，那么您的下一次采购计划预计是什么时间呢？"这样就顺水推舟聊到下一次订单的计划，让我们了解客户的安排，有利于进一步跟进。

话题3：亲爱的客户，最近我找到了您上次提出的问题的解决方法，想和您探讨一下，您什么时候有时间聊一下呢？

客户不会拒绝任何对他来说可能有益的信息，所以他会说："好啊，那我们聊聊吧。"

有些问题，可能是客户提出来了，但是我们当时满足不了，或者当时没有想到好的解决方案，过了些天，我们找到了解决方法，或者有了可行的想法，就可以借用这个话题衔接到订单上。

19/20 式：争取合作、大度回应法

被客户拒绝是一件令人不悦的事情，但是如果我们陷入负面情绪，得到的也只会是负面结果。所以，要学会正确看待客户的拒绝，同时学会调整自己的心态。

促单 20 式中的第 19、第 20 式，就是两种应对客户拒绝的方法。

第 19 式：争取合作法

这种方法常用于客户有心仪的供应商，同时对我们也比较满意的时候。

如果客户已有心仪的供应商，或是已有固定的供应商，他们是不会轻易转单给其他供应商的，也就是说我们很难与客户达成合作。但是，通过接触，如果客户认为我们也不错，这时候就必须使用争取合作法。例如客户同时联系我们和另一家供应商，感觉两家供应商都不错，就因为那家供应商的价格比我们低一点点，于是客户更倾向于和他们合作。但是这不意味着完全没机会，我们还是要尽力争取。

首先我们可以退一步，向客户提出：没有把全部的订单下给我们也没有关系，可以在两家各下一半订单，然后我们负责拼柜发货（这样做的目的，一是掌握货权，二是可以拿到退税）。

如果客户不同意各做一半，也不要放弃，继续争取。可以建议客户下一点试单，30%、10% 都行，能成交一点是一点。只有争取合作，有了证明自己的产品和公司的机会，才会有后续。

成交之后一定要做好产品和售后服务，因为这才是真正能把客户完全拉

过来的机会。

争取合作还有另一种状态，就是不放弃，坚持努力，把自己能做的尽力都做了，简言之就是拼尽全力抓住机会，哪怕机会很渺小。

都说疫情期间很难，但其实疫情也带来了新的机会，外贸小伙伴Amanda就是因为疫情捞到了一个大客户。这个大客户已经四五年没有换供应商了，如果不是客户的老供应商因为疫情生产跟不上，客户也不会想去联系其他供应商。

客户在4月联系Amanda下了一个试订单，订单进行顺利，所以博得了客户的好感，但Amanda公司的价格比客户老供应商的价格要高一些，原因是客户和他的老供应商合作多年，价格可以做得很低，而且老供应商还给了客户一个非常有吸引力的付款方式——收到货后30天付款。这个付款方式不是什么公司都能接受的，这个问题也同样摆在Amanda面前。

5月，客户的老供应商已经复工复产，这时客户明确表达想要继续与老供应商合作，这把Amanda给弄着急了。于是Amanda来找我，问在这种情况下，有没有什么办法可以留住客户？

我说：你们能不能做到和客户的老供应商一样，接受收到货后30天付款的付款方式？

Amanda无奈地说：不能的，我们老板不会同意的，而且是新客户，不能赊账。

我说：如果这样的话，只能从其他地方突破了。你们与客户有过一次合作，而且客户也满意，这很重要，只要你们能再给客户提供一个优势，就很可能把客户留下。至于是什么优势，需要你们根据自己的情况去找，比如交期短、售后服务好、保修时间长、服务专业等。要知道，客户并不是只看某一项需求能不能满足，他们重点看性价比，所以如果你们没有一项特别突出的，那么请把你们其他方面也变优秀。

对于Amanda的问题，我没有给出很具体的答案，但是Amanda似乎找到了方向，她回答：好的，明白了。

过了一个月，我想起来这件事，问 Amanda 上次的那个大客户谈得怎样了，Amanda 回复说他们已经拿下了这个客户，他们先去拜访了客户的中国代理，得到了代理的认可，后来客户又下了一次订单，订单没出问题，进行得比较顺利，现在客户已经把订单都转到他们公司了。

我问：你们最后是通过什么拿下了客户呢？

Amanda 回答说：可能是我们敬业的态度吧，还有努力，那段时间客户的订单要得着急，我每天都工作到凌晨 2 点，再加上取得了客户代理的支持，就把客户做下来了。

所以争取合作的正确姿态是，只要你愿意给我一次合作的机会，我一定尽全力抓住。哪怕只有一点可能、一点机会，都要尽力抓住，这就是我们说的争取合作法。

第 20 式：大度回应法

这种方法常用于被客户拒绝之后。

客户说已经下单给别人了，这时你是什么反应？是不是脑袋嗡的一下，心想这么多天的辛苦跟进都白费了……

这样想是不对的，努力不会白费。只要你在被拒绝时给客户留下一个好印象，那么你之前的跟进依然是有用的。

为什么这么说呢？以我的经历为例，我做成的"转头客"是很多的。什么是"转头客"？就是那些出去转了好几圈又回来跟我合作的客户。他们为什么会转回来呢？其一可能是他没有找到好的供应商，其二可能是他合作的供应商没能让他满意，其三就是我永远向他敞开大门，欢迎随时光顾。

一定要注意，被客户拒绝之后，不能与客户生气，不能跟客户表达不满的情绪，这是外贸新人很容易陷入的情绪陷阱。一旦表达出不满，那就意味着你在跟客户说：你以后别来了！我们不欢迎你。这样会把客户推远。

相反，我们要展现出大度的胸怀和开放的态度，迎接下一次可能的合作。所以我们应该这样表达：很高兴您能找到喜欢的供应商，也谢谢您告知我，这样我就不用一直担心工厂的排单问题了。如果您之后需要帮助，欢迎来找我，很乐意为您服务。同时，我也会继续分享对您有用的信息，也欢迎您向我们提出建议，帮助我们变得更好，再次感谢您。善解人意、贴心温暖的回应，更能走近客户，给客户留下好印象，进而为下次合作做铺垫。

客户不是一成不变的，客户现在不想合作，说不定后面就改变主意了。我们也不是一成不变的，现在做不到的，说不定之后就能做到了。永远要给客户和我们自己留一道敞开的门。

三、细节：促单成功的信号以及促单的正确心态

📕 促单成功的信号

学了20种促单方法，到底怎么样才能证明我们的促单是有效的呢？也就是说，当客户表现出什么状态才证明我们促单有效果了？有没有一些看得见的表现？

答案是肯定的。如果客户释放出以下的信号，就说明我们促单见效了。

信号1：客户主动告知具体的产品型号，要求报价，并且开始讨价还价。

如果客户只是问价格，其他什么都没问，那显然是没有多少诚意，可能就只是了解了解，并没有购买意向。但如果客户主动告知具体的产品型号，那说明客户的购买目标是很明确的，当客户来砍价，就说明客户已经决定要买了，最后想再多捞点"便宜"。

信号2：客户开始问细节问题，确认产品细节、包装细节、付款方式、交货期等。

有真实购买意向的客户都会带着满满的要求，要求多说明客户在真正地考虑合作的问题。当客户询问很细节的问题时，说明客户已经确认得八九不离十了，这时候离成交就只有一步之遥。

信号3：客户开始回应我们的问题，并且提出他的想法和要求。

没有合作想法的客户是不会浪费一分一秒在你身上的，尤其是一些大客户，他们的时间浪费不起，而且他们非常会安排时间和筛选信息，没有价值的信息他们看都不看一眼，更不要说会回答我们的问题了。很多时候我们需要通过提问来了解客户情况，如果客户没有想要回复，那就说明我们还没有在客户的考虑范围内；如果客户表现出互动意愿，并且提出他的想法和要求，那就说明我们已经进入了他的备选清单。

信号4：客户回复的频率变高或回复的语气变好。

回复的频率变高是指客户回复变得积极，回复的语气变好是指客户的态度从拒人千里之外的冷漠变成愿意靠近的柔和。出现这样的转变就说明客户想要认真地跟你谈合作了。

信号5：客户主动找来。

很久没有客户回音或者被客户拒绝之后，客户主动找来，那就说明订单要来了。客户主动找来的前提是客户对你有一定的好印象，而且他也进行了比较，认为你更好，所以才会来找你。这时若能好好把握，成交的概率是很大的。

信号6：客户主动安排付款并发来水单。

确认了诸多细节之后，客户突然没有回音了，此时若能等来客户的水单，那就说明客户认可你。

促单的正确心态

在促单时，我们应该保持怎样的心态？

促单只是签单过程中的一个步骤，一步步正确地促单，才能实现最后的签单，促单过程肯定不会是一帆风顺的，所以保持良好的心态很重要。

第一，要坚持跟进，捕捉细节信息，把握时机。

很多时候，放弃跟进的人都是因为没有跟进计划，就是他不知道要跟进到什么时候、跟进到什么程度，才会有回报，因此他坚持不下去。坚持跟进不是盲目的，而是有计划和安排的，前面介绍的20种促单方法，几乎可以应用于外贸工作中的各种场景，大家可以根据场景选择对应的跟进方法。跟进过程中一定要注意把握细节，把握每一次可以跟客户更加靠近的机会。

第二，以帮助客户为出发点，站在客户角度想问题，积极寻找可行方案。

赢得客户信任，一方面靠你的专业度，另一方面靠你的服务态度。你的专业度能让客户相信你可以给他带来价值，你的服务态度能让客户感觉到和你合作是舒服且放心的。

要想让客户完全依赖你，请先谈情，后谈钱。站在客户的角度想问题，既是专业的表现，也是贴心服务的体现。当你真正站在客户的角度思考问题时，首先想到的肯定不是自己赚钱，而是如何帮客户赚钱，以及如何帮客户规避风险。不赚钱时先赚情，情能带来钱，但是钱带不来情。所以，如果想成为一个优秀的外贸人，请把钱放在情之后。先做好服务，先让自己变专业，这才是外贸人最快成单的诀窍。

第三，不与客户争论，耐心解答客户疑问。

外贸人的耐心太重要，有太多的客户是咨询千百个问题也不见下单的，也有很多客户拖拖拉拉半年才确定下一个订单，而且业务员被客户拒绝的概率高达90%以上，但无论如何，这些都不是个例，所以不要怀疑自己，更不要埋怨客户。不与客户争论是优秀外贸人的基本素质，耐心解决客户问题是成单的关键。

第四，自信从容且用心做事。

自信从哪来？自信无非就是对事情有把握，因为我们学习了20种促单方法，对于客户跟进和沟通是有一定的把握的，这就可以让你自信。

从容怎么做到？从容就是你知道这个事情会如何发展，不迷茫自然不恐慌，因此也就能做到从容。很多有经验的外贸高手面对事情时都很从容不迫、不慌不忙，当然要达到这种状态需要时间的积淀，如果是刚刚入行不久的外贸新人，没有经验也没有方向该怎么办？一定要先控制好自己的情绪，然后求助于有经验的人。还有一点是用心做好每一件事，最终你会发现，一些困难在不知不觉中迎刃而解。

第五，细水长流，不急不躁，做不了客户的"现任"，也要做客户的最佳"备胎"。

我们知道外贸业务员被客户拒绝的概率高达90%以上，也就是说90%以上的时候都只能成为客户的"备胎"，尽管如此，我们也要争做那个最佳"备胎"。作为"备胎"的过程是漫长的，但是如果我们跟进有节奏、沟通有方法，这个过程就会大大缩短。